新一轮广西一流学科建设项目——百色学院马克思主义理论学科资助

# 网络时代高校思政教育教学创新实践探索

刘丽华◎著

北京燕山出版社

图书在版编目（CIP）数据

网络时代高校思政教育教学创新实践探索 / 刘丽华
著 . -- 北京：北京燕山出版社 , 2023.8
ISBN 978-7-5402-7037-7

Ⅰ.①网… Ⅱ.①刘… Ⅲ.①高等学校—思想政治教
育—研究—中国 Ⅳ.① G641

中国国家版本馆 CIP 数据核字 (2023) 第 162836 号


网络时代高校思政教育教学创新实践探索

著者：刘丽华
责任编辑：战文婧
封面设计：李文文
出版发行：北京燕山出版社有限公司
社址：北京市西城区椿树街道琉璃厂西街 20 号
邮编：100052
电话：86-10-65240430（总编室）
印刷：天津和萱印刷有限公司
成品尺寸：170 mm × 240 mm
字数：200 千字
印张：10.25
版别：2024 年 6 月第 1 版
印次：2024 年 6 月第 1 次印刷
ISBN：978-7-5402-7037-7
定价：68.00 元

# 作者简介

- - - - - - - - - - - - - - - - - - - - - - - - - - - - - - - - - - - ■

**刘丽华**　女，1979 年 7 月出生，湖北省洪湖市人，毕业于广西民族大学，硕士研究生学历，现任百色学院任讲师、职业指导师，百色学院马克思主义理论学科研究人员。研究方向：思想政治教育和法学专业。主持并完成广西区教育厅科研项目一项，校级科研项目、教改项目各一项；参与广西教育科学十二五规划课题一项，广西区级教改项目三项，发表论文十余篇。

■ - - - - - - - - - - - - - - - - - - - - - - - - - - - - - - - - - - -

作者简介

# 前　言

大学生思想政治教育是一门综合性极强的学科，它本身所固有的特征要求其理论研究必须坚持与时俱进、贴近大学生、贴近现实、贴近时代。随着信息媒体和通信技术的相互碰撞，经济、社会以及人们的生活进入了网络时代。网络时代下新媒体传播情境的虚拟性、传播方式的互动性、传播范围的全球性、传播速度的即时性等优势吸引了大学生群体，使大学生的思维方式和生活方式受到了广泛而深刻的影响。同时，大学生思想政治教育单向灌输的传统方式也遭受到前所未有的颠覆。从教育内容上来说，大学生思想政治教育趋向于现实生活；从发展空间上来说，大学生思想政治教育的发展空间更广阔；从教育方式层面上来说，大学生思想政治教育的方式和手段更加丰富多彩；从教育主体和客体上来说，二者之间的关系日益模糊。面对网络时代带来的这些新变化，大学生思想政治教育该如何把握机遇，又该如何克服挑战，是当前大学生思想政治教育工作者必须解决的问题。

当前，各个学校都十分重视思想政治教育。要紧抓思想教育、宣传工作的主导权，思想政治教育工作者就必须直面网络时代带来的工作机遇和挑战，与学生在虚拟社区或平台上形成常态性的对话沟通，在"自媒体平台"上搭建虚拟思想政治讲堂，完成立德树人、塑造学生健康道德人格的使命。

本书共分为七章，第一章内容为思政教育的概述，分别介绍了思政教育的内涵、思政教育的对象以及思政教育的理论基础。第二章内容为网络时代高校思政教育教学的基础分析，主要分析了网络时代高校思政教育现状、网络时代高校思政教育教学的必要性以及网络时代对思政教育教学的影响。第三章内容为网络时代高校思政理论课教学，主要分析了网络时代高校思政理论课教学的现状、网络时代高校思政理论课教学的重要性以及网络时代高校思政理论课的教学体系。第四章内容为网络时代高校思政教育的媒介素养建设，分别介绍了网络时代高校思政教育媒介素养概述、网络时代高校思政教育工作者的媒介素养建设以及网络时代大学生的媒介素养建设。第五章内容为网络时代高校思政教育的心理健康研究，主要论述了网络时代高校思政教育工作者的心理素质建设和网络时代大学生的心理健康教育。第六章内容为网络时代高校思政教育教学的创新理论和移动平台，对网络时代高校思政教育教学的创新理论和网络时代高校思想政治教育教学的移动平台进行了分析。第七章内容为网络时代高校思政教育的创新模式——融入中国梦，分别介绍了思政教育融入中国梦的功能和意义以及思想政治教育融入中国梦的课堂教学研究。

在撰写本书的过程中，作者得到了许多专家学者的帮助和指导，参考了大量的学术文献，在此表达真诚的感谢。本书内容系统全面，论述条理清晰，深入浅出，但由于作者水平有限，书中难免会有疏漏之处，希望广大同行及时指正。

作者

2022 年 11 月

# 目　录

# 第一章 思政教育的概述

本章内容为思政教育的概述，分别介绍了思政教育的内涵、思政教育的对象以及思政教育的理论基础。

## 第一节 思政教育的内涵

思想政治教育本质上是一种社会实践活动，在这项活动里，社会或社会群体出于一定的目的与计划，通过一定的思想观念、道德规范、政治论调去影响社会成员。

### 一、思政教育的本质

#### （一）意识形态的灌输与教化

马克思主义认为，事物的本质是一种的根本属性，能够对事物的性质、面貌、未来发展产生决定性的作用。对于思想政治教育的本质，学术界尚未给出统一的论断，很多人认为思想道德教育本质上是为了向受教育者传输社会主导的意识形态。

所谓的马克思主义的"灌输"，指的是无产阶级先锋队为了帮助人民武装头脑，将马克思主义、共产主义思想体系灌输给人民群众，从而提高他们的思想水平与综合素质。从本质上看，"灌输"讲究革命理论与群众实践的互相配合，这种观念主要通过组织理论学习的方法，对群众进行宣传工作，并促使他们通过实践积累经验。此外，不同于强制性的"填鸭式"，"灌输"能够创造合适的学习环境，并从多个角度出发优化人民群众的政治觉悟，让他们在特定的环境中，结合自身的经验对革命理论加以实践。

思想政治教育的本质是社会实践活动，它用于教育者帮助受教育者将某些社会思想道德观念、道德规范内化为自身的个体思想品德。通常情况下，社会所要求的思想品德水平与人们真实拥有的思想道德状况存在十分明显的差异，而且是互相矛盾的，思想政治教育的主要目标就是妥善处理这些矛盾。这就要求教育者向受教育者灌输社会主导意识形态，使社会成员把社会主导意识形态完全内化。

曾有部分马克思主义经典作家就意识形态的灌输与教化展开了论述，并创造了著名的灌输理论。在《哥达纲领批判》中，马克思指出，拉萨尔主义妄想用毫无意义的话语"来歪曲那些花费了很大力量才灌输给党而现在已在党内扎了根的现实主义观点"。[①] 马克思强调对无产阶级进行科学社会主义意识的灌输是党的目标之一。在《怎么办？》一书中，列宁对"灌输理论"作出了详细论述。列宁认为："工人本来也不可能有社会民主主义的意识。这种意识只能从外面灌输进去，各国的历史都证明：工人阶级单靠自己本身的力量，只能形成工联主义的意识。"[②] 创造独立的思想体系，对于工人群众而言是坚决不被允许的。

我们要立足于马克思主义经典作家的本意，正确、精准地研析"从外面灌输"理论的真实内涵。对于列宁提出的"从外面灌输"社会主义理论，我们可以从两方面来理解其真正含义。第一，将工人原本不具备的先进意识灌输给他们；第二，让工人从政治层面掌握无产阶级与资产阶级的对立特征，并让他们明白无产阶级需要完成的历史任务。列宁倡导"从外面"将阶级政治意识灌输给工人群众，其真实含义强调不仅仅要从人民群众头脑的外面，"从外面"的"外"用于形容经济斗争范围之外、工人与厂主的关系范围之外，要从不同阶级、国家与政府的关系出发，以各种阶级之间存在的关系为入手点，为工人群众提供一定的阶级政治意识。所以，列宁"从外面灌输"的论调蕴含着丰富的社会主义意识，不仅为工人阶级提供解答疑惑的结论答案，也让工人群众学习并掌握了先进的世界观与方法论。从这个角度看，"灌输"是毫无强制意义的，可以将灌输的过程视作马克思主义的诸多观点与理论帮助人民群众武装头脑的过程，在此过程中，人民群众会收获科学的方法论与世界观。

自党的十八大以来，党中央强调要通过中国特色社会主义理论体系，让全党和人民群众的内心更加强大，并根据中国特色社会主义理论体系优化教材，大力

① 马克思，恩格斯. 马克思恩格斯选集（第三卷）[M]. 北京：人民出版社，1995.
② 列宁. 列宁选集 [M]. 北京：人民出版社，1995.

推崇社会主义核心价值观。这一观点既符合时代发展的需要，又使马克思主义的灌输理论变得更加丰富。马克思主义的灌输理论不仅是思想政治教育的理论基础，而且能深刻阐释思想政治教育的真实内涵。

对思想政治教育的教化本质和意识形态灌输进行强调，并不代表思想政治教育中存在非意识形态内容是错误的。社会意识本质上是一种精神生活过程，涵盖了法律、哲学、政治、艺术、道德、宗教等方面的意识以及不同的社会心理。在社会意识中，意识形态负责建筑社会上层内容，能够将特定社会集团的意志与阶级反映出来，具备一定的特殊性与阶级性特征。所以说，意识形态与社会意识在概念上是不同的，且二者之间相互联系。思想政治教育将以全面促进受教育者思想道德素质的提高为目标，不仅将意识形态当作主要组成部分，又涉及部分非意识形态的思想道德知识。比如，不同社会中都从道德上要求"尊老爱幼"，这些都属于非意识形态内容，也是一般的社会道德规范，在思想政治教育中占据从属内容的位置，这是思想政治教育本质的影响结果。所以，在开展思想政治教育的过程中，要始终以社会主义意识形态为主导基础，兼顾非意识形态的教育，这不仅能够解决受教育者在发展精神生活的过程中产生的个性化与普遍性问题，而且能够促进在意识形态性质等方面有差别的国家和地区就思想政治教育展开沟通与合作，进而更进一步地提升人的社会化水平，促进人的全方位发展。

**（二）提高人的思想道德素质**

从本质上看，对于思想政治教育而言，其意识形态的灌输与教化使这种教育要服务于社会的全方位发展，具体措施是提高社会成员的整体思想道德素质水平。换个角度看，无论哪种思想政治教育活动，其目标都是提升人的思想政治素质水平，推动人的全方位发展。

1.思政教育是人类生存发展的客观需要

根据马克思主义理论，"需要"推动着人类社会生活的发展，它也是人类历史的逻辑起点。"任何人如果不同时为了自己的某种需要和为了这种需要的器官而做事，他就什么也不能做。"[①] 即使需要有很多种，但得到满足的方式都是社会实践，因为"需要"是实践的动因，也是实践的驱动力。在"需要"的影响下，人类以生产实践的方式不断地对自然进行改造，并创造了包含物质文明、精神文

---

① 马克思，恩格斯.马克思恩格斯全集（第三卷）[M].北京：人民出版社，1960.

明在内的文明史。人是社会的构成元素，在社会生产中，不同的社会成员之间必然会产生各种社会关系，也就是说，生产的过程使人对自然界产生影响，也使不同的人之间互相影响。在这种客观存在的影响下，人们开展各种共同活动并时刻进行交换，从而推动生产力的发展。生产要求人们构建特定的联系，进而在这些不同联系的共同作用下，对自然界产生特定的影响，促进生产力的发展。通常情况下，人们对世界进行改造所开展的种种实践活动，本质上处理的是人与自然之间、人与人之间的客观关系，这些活动必然会产生各种各样的矛盾，也会为人们带来各种思想、认识等方面的问题。这些矛盾与问题得不到及时解决，就会对人类改造世界的进程产生诸多阻碍，所以要重视思想政治教育。将思想政治教育融入人们的实践活动之中，能够帮助人们对上述问题加以把握与处理，并采取妥善的解决方法，进而使人们从生存和发展的需要出发，更为有效地开展改造世界的各项活动。

人出于生存与发展的目的，还要开展"人自身的生产"。从生物学角度看，每天从事生存与发展的人，会通过繁殖生产出新的人。繁衍所需要的社会生存、发展等方面的技能经验和社会秩序并不是人类与生俱来的，这些都需要人类在后天环境中通过学习而掌握。在对世界进行改造的进程中，人类创造了很多物质方面、精神方面的财富成果。文化需要传播才能经久不衰，思想政治教育能够在很大程度上解决人类文化的传播问题。思想政治教育的主要任务是让每一个社会成员掌握包括社会价值观、社会规范等内容在内的社会文化，进而全方位地发展社会成员的各方面素质。不经历社会化过程，新一代的社会成员就无法很好地适应人类社会生活，也就无法传承人类长时间积累总结的技能、知识、经验、社会规范。可以说，思想政治教育的本质在于传承社会文化。

2. 思政教育能够提升人的思想道德素质

无论生存还是发展，人都离不开思想政治教育，它能够解决人的生存需要和发展需要。反过来讲，思想政治教育的价值就是处理人的需要与人的满足之间的关系，并进一步提高人的思想道德素质，它以促进人的全面发展为最终任务。每一个人都需要足够丰富的精神生活，而思想政治教育可以凭借多姿多彩的活动，帮助人们解决大部分精神需要，让人们的精神生活更加丰富、多元，进而让人们具备高水平的思想道德素质和端正的人生观、世界观、价值观，在今后的生活中以积极向上的精神面貌从事中国特色社会主义建设的伟大工程。另外，思想政治教育以多种活动为人的智能素质、身心素质、审美素质的提高提供源源不断的精神动力，最终促进人的全面发展。所以说，思想政治教育可以很大程度地提高人的思想道德素质，推动人的全方位发展。

3. 思政教育能够促进人的全面发展

无论是思想政治教育的根本依据，还是思想政治教育的最终动力，都囊括了人的发展与社会发展之间产生的矛盾。思想政治教育以人的发展为基础，按照社会发展的要求提升人的思想道德素质水平，进而解决特定的问题，推动社会的全面发展。通常情况下，无论是人的发展，还是社会的发展，都是辩证统一的。具体而言，第一，人与社会在发展层面是互为基础的，社会发展以人的发展为前提，因为社会是由人构成的，人不进行发展，社会就无法进步，人的发展越是全面，社会也就会拥有更多的物质文化财富，进而为人们提供更加美好的生活与更加便利的条件，而丰富的物质条件又会推动人的全方位发展；第二，人与社会在发展层面是互相促进的。社会生产力、经济文化的发展水平在不断提高，同时人的全面发展进度也在不断加快，二者的发展都可谓永无止境，且存在互相结合的关系。思想政治教育可以让受教育者根据社会发展的要求提升自身的思想道德素质，进而以主体身份参与社会生活，加快人的发展和社会发展之间的促进与转化。

总体来说，开展思想政治教育，需要立足于人的思想道德素质的提升与全方位发展，这也能够从本质上体现出思想政治教育的真正价值。

## 二、思政教育的功能

### （一）思想政治教育功能的特征

思想政治教育功能用于形容思想政治教育对受教育者、社会生活所产生的正向影响和作用。我们要从多个角度去分析思想政治教育的功能。从整体上看，思想政治教育功能包括个体性功能、社会性功能，前者指的是思想政治教育能够对个体产生某些客观的影响，在功能上分为个体生存、个体发展、个体享用等，且个体性功能能够直接体现出思想政治教育的目的，可以视作思想政治教育的本体功能；后者用于形容思想政治教育对社会发展所产生的客观作用，即思想政治教育对社会经济、生态环境、文化、政治等方面产生的作用，具体包括政治、经济、生态、文化等方面的功能。由于思想政治教育具备一定的特殊性，其所含功能具备以下几种特征。

### 1. 客观性特征

从本质上讲，思想政治教育属于人类的社会活动，它伴随人类社会的发展而发展，并始终对社会生活产生着独特影响。思想政治教育之所以会不断更新与发展，是因为它对于人类全面发展、社会全面发展来说是不可或缺的，其独特功能是客观存在的，且不因人的意志改变而消失，只是在水平与程度上有所变化。物质设施、环境等客观条件也会对思想政治教育功能的发挥产生影响，这也从侧面反映出思想政治教育具备客观性特征。

### 2. 多面性特征

思想政治教育具备多方面的功能，不仅对社会成员产生影响，而且对社会生活发挥一定的作用。也就是说，思想政治教育既有个体性功能，也有社会性功能，层次不同，功能倾向不同。所以，开展思想政治教育，需要让这两层功能互相增强，进而让思想政治教育发挥更大的作用，推动社会的发展建设。

### 3. 发展性特征

社会生活不断变化，思想政治教育所具备的功能不会一成不变，而是在发展过程中不断产生变化。首先，在社会发展的过程中，思想政治教育的部分功能会得到增强，如经济功能、促进人不断发展的功能、帮助人协调人际关系的功能等；其次，思想政治教育还会产生新的功能。如今，社会越来越强调可持续发展，思想政治教育的生态功能会越发显现。思想政治教育功能的一大特征是发展性，它能为思想政治教育提供顽强的生命力。

当我们有效把握了上述各种功能特征后，就能够更加主动地推进思想政治教育工作的发展，思想政治教育的积极作用也会被全面发挥出来。

### （二）思想政治教育的个体性功能

#### 1. 个体生存功能

思想政治教育具备个体生存功能，这种功能用于形容思想政治教育能够帮助人类个体遵循特定规律、秉持特定生存法则，从而使其改善生存条件。与动物不同，人属于社会存在物，拥有主观能动性，实践是人类与动物的最大区别，这也是人类赖以生存的基本方式。人类可以通过各种实践活动，提升自身进行创造的主体性，因为人不仅生存于物质世界，也生存于精神世界。以生存为目标，人们需要解决基本的生活需要，进而以此为前提，展开对更高层次的精神、心理等方面需要的追求。人的基本需要包括求知、自重、自我实现等，本质上是一种高层次的需要，而健康的生命是培养高尚道德精神的基础。由于人与生俱来的生存需要，人们都会对物质利益产生欲望。思想政治教育不能否定人的这一基础特性，要以促进物质文明不断发展的方式，提高人们的生活水平与生活质量，进而让人们不断更新的物质生活需要得到满足。但是，根据马克思主义人的本质观，人同时具备自然属性和社会属性，尽管人需要物质，精神对于人而言也是十分重要的，这从侧面反映出人的社会性特征。人所具备的社会属性，使人超越性地存在着，且在这种存在在过程中不断将动物性转化为人性，进而拓展生存空间，让人的个性上升到更高层次的境界。所以，人的意义不仅停留于"活着"，人要创造更有意义的世界，并通过意义世界去影响其余的物质世界。思想政治教育不仅注重人对物质的追求，也能帮助人们将物欲升华到精神境界的需求，从而不断提升人的品质。

要将思想政治教育视作能够教会人生存、把握直接方法以及生存价值与意义的手段，它可以推动人对意义世界的建构。思想政治教育功能的不健全可能会为人类带来一定的生存危机。对于人来说，建构意义世界是生存的基础，它直接影响着人类的生存与发展。其中，思想政治教育发挥着十分关键的作用。首先，思想政治教育以让受教育者形成正确的人生观、世界观、价值观为目的，它也可以帮助受教育者加深对道德原则、行为规范的理解与认识，不仅可以让不同个体顺利开展社会性生活，也可以为个体源源不断地提供发挥作用的力量；其次，作为人精神生活的一种特殊方式，思想政治教育可以促进人与人之间的沟通，无论是人与自然、社会之间的沟通，还是人与自身的交流与沟通。在思想政治教育的影响下，人会从内部精神生活出发，提升对外部世界的认同感和适应感。在具体的社会生活里，绝大多数人都存在对社会、个人的功利性追求。以人独有的反思性品质为依据，人们会对生命与精神世界的内在联系展开思考，试图寻求答案。当一个人能够建立这种关系，并通过反思不断完善这种关系时，这个人就可以在情感和理性之中构建起一定的平衡，从而寻求生存与发展的真正价值，这个过程所需要的力量可以由思想政治教育提供，思想政治教育也可以加大人的反思力度。

2. 个体发展功能

思想政治教育具备个体发展功能，这种功能能够帮助人们培养品德，全方位地发展综合素质，具体表现为以下几点：

第一，引导政治方向。通过启发、动员、教育等手段，保证受教育者的思想与行为始终符合社会发展要求，不断提升受教育者的思想道德素质，引导受教育者坚定正确的政治方向。引导受教育者的政治方向可以从这几个方面入手：首先，目标导向，即引导受教育者按照特定的具体目标不懈奋斗；其次，政策引导，在坚持党的方针路线和政策的前提下，引导受教育者的思想与行为，深化他们对党的认识，并帮助他们规范自身行为；最后，舆论导向，通过赞赏、批评、监督、激励等方式，构建正向的舆论环境，进而有力地控制受教育者的行为与思想。只要做好这几方面的工作，思想政治教育就可以根据正确的政治方向，引导受教育者塑造正确的思想。

第二，约束规范行为。思想政治教育能够从道德、法律等方面规范调控受教育者的行为，并根据行为作出肯定或褒奖，当然也有否定与批判，这在很大程度上提升了思想政治教育的规范效应与约束效应。思想政治教育的主要功能就包括对受教育者行为加以约束与规范，如果思想政治教育只着眼于对受教育者进行思想观念的教育，而不为其制定相关的规范，那么受教育者的思想与行为就很容易脱离正确轨道，甚至做出有损道德的行为。所以，要通过思想政治教育，帮助受教育者塑造积极向上的法治观与道德观，让他们发自内心地遵循法律、道德等方面的规范，在社会规范的约束下开展创造性活动。

第三，激发精神动力。思想政治教育具备激励功能，这种功能主要是通过各种激励措施，提高教育对象的主动性、积极性、创造性等方面的意识，使其自发地为中国特色社会主义建设做贡献。对于人类个体而言，人的积极性与需要是紧密相连的，需要强，积极性就强。人的需要分为物质需要和精神需要，相对应的激励分为物质激励和精神激励，两种激励都发挥着不可或缺的作用。对物质利益原则加以忽视甚至加以否定，不重视物质激励在调动人的积极性、主动性方面所发挥作用的做法是不正确的。马克思指出："人们奋斗所争取的一切，都同他们的利益有关。"① 邓小平同志也认为："如果只讲牺牲精神，不讲物质利益，那就是唯心论。"② 所以，物质利益原则是思想政治教育需要秉持的基础理念，要提高对物质手段的重视程度，以确保受教育者通过理性手段谋求经济利益。需要注意的是，只关注物质激励，完全无视精神激励的做法是十分错误的，因为无论是人的物质需要还是人的精神需要，都会产生特定的作用，精神激励是必不可少的手段。想要提高受教育者参与中国特色社会主义建设的积极性，物质激励与精神激励缺一不可，思想政治教育则是主要途径。

　　思想政治教育可以采用多种激励手段与方法。首先，可以采用民主激励的方法，也就是为受教育者创造扮演主人公角色的条件与机会，让他们广泛接触重大问题的相关管理与决策，从而提升受教育者在工作、学习等方面的主动性；其次，可以采用榜样激励的方法，也就是树立先进榜样，让受教育者学习榜样的思想道德水平，并进一步调控自身行为；再次，可以采用情感激励的方法，也就是通过让受教育者获得情感满足的方式，提升其主动性与积极性。作为人类基本的心理需要，情感激励强调满足受教育者的情感需求，并对其充分理解、尊重和关心，从公正公平的角度出发，帮助受教育者解决各种问题，让他们提升主动办实事的意识；最后，可以采用奖惩激励的方法，也就是以奖励、惩罚的方式来激励受教育者。奖励可以让他们更有动力，并坚定不移地强化自身的正向行为，而惩罚可以让他们有目的地遏制不良举措，并及时纠正发展方向，打消各种负面动机。开展思想政治教育，要灵活地运用上述几种方法，可以单独使用某一种，也可以几种结合使用，从而构建成熟的激励体系，让受教育者在未来的生活中更具积极乐观的心态。

　　第四，塑造个体人格。帮助社会成员塑造健全的人格是思想政治教育的关键功能之一，能够帮助受教育者提升精神境界、发展心理品质，让他们更加符合社会要求，并在参与社会生活的过程中更加积极主动。加强思想政治教育，能够让受教育者明确自身在改造物质世界、创造社会历史等方面的主体地位，并肩负起特定的历史责任与社会使命；也可以让受教育者提升主体意识，树立远大的理想与崇高的目标，进而对社会、人生、自身产生全新的认识，从而更加适应环境；还可以让受教育者培养积极参与生活、主动创新的行为习惯，让他们坚持自强不

---

① 马克思，恩格斯.马克思恩格斯全集（第一卷）[M].北京：人民出版社，1955.
② 邓小平.邓小平文选（第二卷）[M].北京：人民出版社，1994.

息，并将自身的潜能充分发挥出来，尽可能地完善自身人格。所以说，思想政治教育能够从精神层面促进受教育者的自我发展与自我完善，对受教育者培养健全的人格至关重要。

在马克思主义理论体系中，存在与人的全面发展相关的学说，这些学说强调人的个性发展的重要地位，认为人的个性发展很大程度上能够影响历史的演进。客观来说，我们可以将人的全面发展过程视作个体的成长发展过程，要求思想政治教育加大对受教育者个性发展的重视力度，并帮助个体塑造正向人格。所以，在开展思想政治教育时，要时刻遵守实事求是的原则，并大力倡导具体问题具体分析的做法；要针对不同个体的不同情况，帮助受教育者规划自己的发展路线，并实现自身人格价值；要为受教育者的个性提供尊重与保护，并为他们构建有纪律又不失自由、有统一意志又不忽略个人特性的良好环境；要帮助受教育者处理好个性、社会、群体等方面就发展角度存在的关系，让他们时刻清晰地认识个性发展和个人主义的差异，从而从更加广阔、更加有意义的角度去发展他们的个性，提高自身的积极性与主动性，让每一位受教育者都能成功发展自我。在完成上述要求的前提下，思想政治教育能够帮助受教育者成功塑造理想人格。

综上所述，思想政治教育能够有效促进个体的发展。

### 3. 个体享用功能

思想政治教育具备个体享用功能，通过这种功能，思想政治教育可以帮助个体实现某些精神层面的愿望，并让其收获满足、幸福、快乐的体验，以解决精神需求。在社会主义和谐社会事业的不断推进过程中，对思想政治教育的功能抱有正确的认识是十分重要的。对于思想政治教育来说，全方位地提升受教育者的思想道德素质是基本目标。个体思想道德素质的提升能够产生多种作用，从社会层面看，它能够协调个体与他人、群体、社会之间的联系，并提供促进人际关系和谐发展的环境，让社会更加稳定，并在很大程度上推动社会主义和谐社会建设的发展；从个体层面看，它能够全方位地发展个体，满足个体精神方面的需求，让个体能够更加顺利地开展学习、工作、生活。所以说，个体思想品德的发展与完善是其内在精神需求与社会发展需求得以解决的重要基础，其基本途径就是开展思想政治教育。

对于思想政治教育而言，个体享用功能客观存在。思想政治教育以对人的思想道德素质进行完善与发展的方式帮助人们处理精神需求。一个人拥有良好的思想品德，就能够更加清晰地分辨是非善恶，也能够更加善待自我、社会与他人。在构建道德价值世界时，良好的思想品德更能发挥作用。人们可以在"至善"活动中培养良好的思想品格，进而构建充满"善"的外部世界。这样的世界可以为人们提供更高水平的满足感与幸福感。除此之外，思想政治教育能够有效帮助教育对象提升自身的人生意境。在更高层次的意境里，教育对象能够从更加新奇的角度去看待人生，进而获得愉悦体验。如果一个人具备足够水平的德行，能够为他人造福，那么这个人一定能获得高水平的幸福感。当一个人拥有足够的愉悦体验与幸福体验时，其可以从境界上超越自我，让自己迎接更加幸福的生活。伦理学讲究"德福一致"，也就是说能够做到有德、施德的人，就会有所收获，道德行为与人们的幸福感密切相关。拥有高水平道德的人，会经常收获他人的褒奖以及社会的激励，也会让自己时刻保持幸福、满足的心态。为有困难的人提供帮助，能够将自身的价值彰显出来，让自己的精神更加充实，灵魂也会得到升华。"予人玫瑰，手有余香"，这句话可以完美地总结思想政治教育的个体享用功能。

人要提升精神活动能力，不仅要提高创造精神产品的能力，也要提高享用社会精神财富的能力。例如，对音乐没有鉴别能力的人，无法从乐曲上获得鉴赏、享用的体验；没有道德的人，在精神世界无法收获人世间的善良与美好。一个人只有不断地对德行加以发展与完善，才可以尽情享用世界的美好事物，这既是思想政治教育需要解决的问题，也能够将思想政治教育的个体享用功能彰显出来。

**（三）思想政治教育的社会性功能**

1. 政治功能

思想政治教育具备政治功能，这种功能能够提高受教育者的思想政治素质，进而促进政治发展，它主要有以下几方面表现。

（1）传递主导意识形态，协调社会精神生产

我国的思想政治教育以对马克思主义、社会主义核心价值观进行宣传为主要方式，将人们的思想统一，并将社会的精神生产要素整合起来，进而从整体上对精神生产进行导向与调节。

（2）宣扬主导政治意识，规范受教育者的政治行为

我们可以将思想视作行为的先导成果，人们往往通过特定的思想观念来调控

自身的行为举止。思想政治教育能够宣扬我国社会倡导的法律规范、政治思想和道德观念，从而促使受教育者坚持按照正确的政治方向发展，并提升鉴别政治、判断政治、选择政治、参与政治等方面的意识水平，进而获得高水平的政治素养，在今后的政治生活中更具幸福感。中国特色社会主义的建设正在不断推进，思想政治教育需要不断提升政治效应，要采取各种方式，将爱国主义、共产主义、社会主义、集体主义以及道德规范等主旋律的思想内容传授给受教育者，培养各方面素质全面发展的综合型人才，从根本上促进人民民主建设与法治建设。

（3）交流社会信息，维持社会的有机联系

首先，思想政治教育要负责马克思主义理论、党的方针路线、党的政策与社会主义优秀文化的宣传，进而保证每一个受教育者牢牢掌握马克思主义与先进文化，对马克思主义产生强烈的认同感；其次，思想政治教育还需关注受教育者的反馈，将他们的意见与建议整合起来，并向有关部门反映，让政治决策更加人性化。无论是纵向角度还是横向角度，思想政治教育对社会交往、社会联系都发挥着重要作用，它不仅可以促进党与人民群众之间的沟通，有力地缓和社会矛盾，还可以让社会更加安定繁荣，并提升民族凝聚力的整体水平。需要注意的是，思想政治教育并不是单独地产生维护社会政治稳定的价值，它需要与民主建设、法治建设等社会各种功能系统进行配合，并产生无穷的合力，进而实现维护社会秩序、推进政治建设的目标。

2. 经济功能

思想政治教育具备经济功能，这种功能指的是思想政治教育能够激发教育对象的积极性，使其主动参加各种经济活动，进而加快经济发展速度。我们可以从以下几个方面理解思想政治教育的经济功能。

（1）思想政治教育为经济建设坚持社会主义性质和方向提供保障

生产力与生产关系之间互相联系，经济基础决定上层建筑，所以在发展物质生产时，也要将正确的方向明确出来。根据人类文明发展史，无论在哪一个社会中，思想体系、政治理念都会对社会层面的物质生产发挥作用，并提供经济发展的目标。作为社会主义国家，我国的现代化过程就是社会主义现代化过程，思想政治教育在经济方面的首要任务是明确我国现代化建设的具体方向。要想保证我国经济建设不脱离中国特色社会主义道路，就要始终坚持将马克思主义、中国特色社会主义理论体系作为思想政治教育的指导思想。从经济活动角度看，思想政治教育能够让社会成员掌握建设中国特色社会主义共同理想的内涵，并使其积极主动地对党的方针路线与政策法规加以贯彻，从而为我国经济建设的发展做出贡献。

（2）思想政治教育能够推动社会生产力发展

借助生产力，人类可以对自然加以协调与改造，进而解决人类的各种需要。生产力的基本要素分为物的要素、人的要素，前者指的是劳动对象，包括生产工具在内的劳动资料，后者指的是具备知识、劳动技能、丰富生产经验的劳动者，这两种要素在物质生产过程中共同发挥着作用。生产力的基础因素是物的因素，人只有在掌握物的因素的前提下，才能创造出真正的物质生产力。所以说，人的因素发挥着主导作用，能够从根本上决定社会生产力的发展，主要分为两个方面：第一，科学文化素养与劳动技能，包括劳动者对生产技术的理解程度、掌握程度以及劳动者自身的业务水平，也就是劳动者的智力水平，可以对生产资料产生直接影响；第二，思想道德素质与劳动积极性，主要包括人的劳动态度、思想认知、事业心、责任心，这些都是人的非智力因素，它以智力因素为媒介对生产资料产生影响。生产力发展的必然基础是人的劳动技能水平与科学文化素质，这两方面内容可以从智力角度有效提高受教育者的思想道德素质与劳动主动性。受教育者需要从一定的思想道德素质与劳动主动性出发，推动生产力的发展，进而提高自身的科学文化素养、劳动技能等方面的水平。一个不具备足够的思想道德素质与劳动积极性、劳动责任感的人，即使拥有高超的劳动技能与高水平的科学文化素养，这个人也很难将智力优势发挥出来，因为思想道德素质与劳动积极性会对生产力发展产生约束作用。换句话讲，人的思想道德素质对于社会生产力的发展是相当重要的。思想政治教育可以在很大程度上提升劳动者的思想道德素质水平，让他们在参与工作和生产时更加积极主动；保证思想政治教育足够细致、足够深入，是提高劳动者思想道德素质的前提，也是推进生产力发展的必要措施。我们可以发现，思想政治教育能够从精神层面推进生产力的发展。根据我国的实际情况，劳动者在接受思想政治教育并从事了一定的社会实践后，能够获得高水平的思想道德素质，他们会更加乐于积累科学文化知识，并主动地优化劳动技能，从而以焕然一新的面貌从事生产管理工作，为生产力的发展做出更大的贡献。总之，思想政治教育对于物质文明建设来说不可或缺。

（3）思想政治教育能够营造经济建设和谐发展的社会环境

人类在社会中得以生存的基础是物质资料，我们可以将人类的发展史视作物质生产的发展史。人与人之间建立诸多联系，能够提升物质生产的整体效率。协调人们之间的关系，能够让人与人在日常生活中和谐相处，而这种"协调"不仅需要政治、法律的干预，也需要一定的思想道德规范。思想政治教育具备广泛性与深入性特征，可以帮助受教育者有效地处理矛盾、平衡情绪，从而维持人与人之间以及人与社会之间关系的稳定和谐，进而推动经济建设发展。对于社会环境来说，思想政治教育能够发挥很多作用，其中包括合理调节社会生活，主要表现为以下几方面。

第一，心理调适。人可以将自然、社会、心理活动统一起来，无论人做哪一项活动，都会产生相应的心理变化，而人的思想活动与心理因素的联系十分紧密。所以，调适受教育者的心理，能够在很大程度上促进各种活动的顺利开展，并能够帮助受教育者处理思想方面的问题，进而促进其全方位地发展。在思想政治教育活动中采用这一方法，不仅可以使受教育者的思想处于稳定状态，还可以提升心理素质，使其在良好心境的驱使下开展各种经济活动。

第二，人际关系调适。就现实生活而言，不同的人之间往往出于某些原因，产生矛盾或者冲突，进而影响正常的生活与社会稳定，因此，对其进行妥善协调是很有必要的，而主要有效的手段就是进行思想政治教育。思想政治教育不仅可以化解人与人之间的矛盾、解决人与人之间的冲突，帮助人们理顺人际交往的脉络，而且能够构建互帮互助、和平友好的交际氛围，进而为经济建设筑牢人际关系方面的基础。

第三，情绪调控。通常情况下，当遇到矛盾、困难时，人们的情绪往往会出现波动，甚至会对某些事、某些人产生仇恨情绪。如果一个人的负面情绪得不到有效缓解，那么他的工作、生活很容易受到影响，进而阻碍经济建设。所以，人们要及时调节自身的情绪，而进行思想政治教育是十分有效的方法。在接受深入、细致的思想政治教育后，受教育者的思想矛盾将会得到有效处理，其情绪会变得稳定，对生活会更有信心，也会拥有更加稳定的心理状态与情绪状态，进而更加主动地促进社会主义现代化建设。

第四，利益关系调节。就实际生活来说，无论是不同群体之间，还是不同个人之间或群体与个人之间，都难免会产生利益矛盾，若不加以妥善处理，这些矛盾很可能阻碍经济建设的发展。想要解决这些矛盾，不仅可以采用法律、政策、制度等基本手段，也可以通过思想政治教育这一手段来解决。思想政治教育主要通过调节某些特定的利益矛盾来调节各种利益关系，其可以被视作一种微观调节，具体表现为对受教育者的疾苦加以关照，尽量为他们提供能够解决物质利益需要的环境条件，同时帮助他们塑造正确的利益观与价值观，进而使他们以更加平和的心态解决国家、集体、个人之间的利益矛盾。此外，思想政治教育还能使受教育者在追求个人利益的过程中时刻保持理智，以确保追求物质利益的途径正规合法。在思想政治教育的调节下，利益关系会变得更加清晰明了，社会范围内的各种利益关系也会更加趋近公平、和谐，进而为社会主义现代化建设构建和谐稳定的社会发展环境。

3. 文化功能

思想政治教育具备文化功能，这种功能指的是社会文化及其发展所产生的作用。根据文化的运行过程，思想教育的文化功能分为文化传播、文化选择、文化创造、生态等功能。

（1）文化传播功能

思想政治教育主要负责将特定的政治观点、思想观念、道德规范传递给受教育者。这里说的"政治观点""思想观念""道德规范"，本质上都是文化，是构成政治、伦理等方面的文化元素。可以说，进行思想政治教育的过程，就是传播政治伦理文化的过程，其以个体政治、道德社会化的实现为目标。在这个过程中，有两种活动比较明显：第一，社会借助思想政治教育，对主导意识形态、思想政治信息进行宣扬，帮助受教育者内化社会主导价值观，进而根据社会要求培养行为模式；第二，受教育者采取模仿、学习、社会实践等方式提升自身的思想道德知识储备量，进而在特定的态度、信仰、情感、观念的约束下完成政治行为。这两种活动之间存在一定的联系，可以辩证地结合起来。

在通过思想政治教育不断对文化进行传播的同时，社会文化也在保存与活化中发展。要通过思想政治教育，化潜藏的政治、伦理等方面的文化为现实的文化，从而正向地作用于人的观念、意志、智慧、情感等方面，保证人们的生活秩序足够良好、足够有序，进而通过更加多元化的民族风俗与审美情趣为人们的生活添加色彩，并促进政治文化的特殊作用在社会生产与生活中的发挥。

（2）文化选择功能

思想政治教育在传播文化的过程中，并不是照搬现有文化，而是会经过特定的选择过程，这里的"选择"包括对文化的吸收、分辨、过滤与摒弃。经过选择，历史、当代、未来之间会形成特定的脉络，东西方文化之间也会搭建起特殊的交流桥梁，进而推动文化的发展与社会的进步。思想政治教育具备文化选择功能，这一功能的主要运转方式是对文化进行批判式的吸收，要求从特定的社会需要与思想政治教育目标出发，对传统文化与外来文化加以鉴别、吸收与传播，使其符合我国社会主义现代化发展的要求，符合我国先进文化的发展方向。要发挥思想政治教育的文化选择功能，首先，思想政治教育者必须树立正确的文化价值观，提高文化选择的自觉性；其次，要加强对中华民族传统文化的批判继承和创造性转化，加强对西方文化的理性借鉴和批判改造，要积极主动地对各种文化现象、文化因素进行科学分析、鉴别、筛选、利用；最后，要加强对受教育者文化选择的引导，注意提高其文化鉴别和选择能力，使其在文化交流和冲突中进行正确的文化选择。

（3）文化创造功能

从 20 世纪 50 年代开始，科学技术不断更新，不同国家之间的文化交流越来越频繁，各个民族在文化上开始互相渗透，其中存在的竞争也越发激烈。要想让中华民族更具竞争力，并始终紧跟时代发展的步伐，对具备文化创新意识与素质人才的培养是十分重要的，这也是思想政治教育的必然目标。思想政治教育能够提高人才的创新精神与创新能力，进而促进文化创新。此外，思想政治教育不仅可以传播文化，而且能不断整合、创新政治和伦理等方面的文化，进而巧妙地将精华内容教授给受教育者。从侧面看，这实际上是创造文化的过程。所以说，思想政治教育所具备的文化创造功能是真实存在的、能够发挥作用的。

（4）生态功能

思想政治教育的生态功能能够通过思想政治教育，帮助广大受教育者提升生态意识、生态价值等方面的水平，进而规范他们的行为，促进生态文明建设的发展。这种功能主要有以下几方面的表现。

①提升受教育者的生态意识

人类社会工业污染与掠夺自然资源的尽头便是生态危机，加强生态教育是有效解决生态危机的重要举措之一，能够让人们具备正确、科学的生态观念。就这一点来说，思想政治教育能够发挥巨大作用。要以科学发展观为指导，不遗余力地加强受教育者的生态文明教育，并加大对生态环保知识的宣传力度，让每一个社会成员对生态都有一个清晰的概念。正确认识人与自然的关系及生态系统内部的关系有助于形成正确的生态意识，即人与自然和谐共生、协调发展的意识，包括生态价值意识、生态忧患意识、生态道德意识、生态消费意识等，促使他们在社会生活中爱护环境、保护环境、与环境和谐相处，进而推动生态文明建设。

②通过生态法规，对受教育者的行为和生态行为进行调控

生态文明建设在很大程度上影响着人民与国家的未来发展。所以，要着眼于"五位一体"的总体战略布局，将思想政治教育作为提高全民族生态文明意识、生态自觉等素质水平的途径。根据社会主义法治体系，通过制度对生态环境加以保护的生态法律体系是十分重要的，是建设社会主义生态文明的关键基础。党中央不仅从中国国情出发，出台了很多生态法律法规，而且制定了很多保护生态的制度，以生态红线的方式为保护林地与森林、荒漠植被、湿地、物种提供了保障。所谓生态红线，指的是由于生态系统的平衡状态被打破，生态系统产生衰退甚至处于崩溃的临界状态，生态红线是生态安全的最后底线，其约束性、强制性特征十分明显。在进行思想政治教育的过程中，要提高生态法规教育所占的比例，让受教育者秉持生态红线观念、提升生态法律意识，严格遵守生态法规的各项要求，始终坚守生态红线；要借助思想政治教育，让受教育者掌握与生态法规、生态政策有关的知识，提升生态法律法规的限制作用，并对人们的生态行为加以调控，让人们保证在行为上与生态发展同步协调，进而促使广大人民群众自发地保护环境、节约资源、促进生态和谐，从而促进"美丽中国"事业的发展。

③引领生态思潮、创新生态文化

各种各样的生态思潮存在于人类的工业化进程里，在一定程度上解决了人类的生态问题，同时利益诉求和价值倾向十分鲜明。在生态环境不断恶化的情况下，人们通过反思了解到生态危机的根本是"文化和价值问题"。思想政治教育要从马克思主义的观点、立场和方式出发，帮助人们获得清晰的生态意识，并引领特

定的生态思潮，让人们明确不同生态思潮的产生缘由及其本质，进而提升人们的批判水平与选择吸收水平。此外，思想政治教育要适应生态文明建设的要求，并坚持创新思想意识、生态文化，进而让受教育者随时随地地把握生态文明建设的价值，让他们明白自然界不仅能够解决人们的物质需要，还可以直接影响人类的科学认识、文化审美与精神意义。所以，对思想政治教育而言，文化创新功能的发挥是十分关键的，要以科学发展观为指导思想，竭尽所能地吸收古今中外生态文化的精华，并提高人民群众对创造生态文明建设的积极性与主动性，进而使生态文化不断得到更新，不断产生正向积极的影响。

④倡导绿色消费，推崇低碳生活方式

在如今的工业社会里，由于过度生产和过度消费而产生的资源浪费现象已经十分严重，对生态环境造成了极大的破坏，也加剧了人与自然之间的矛盾。也就是说，从深层次看，全球性生态危机的根本缘由是大量浪费与大量废弃的生活方式。所以，人类要想有效处理生态危机的各种问题，就要对生活方式、生活态度加以反省，并转变生活方式，对此思想政治教育能够发挥巨大的作用。让人民群众接受基本国情、中华民族优秀传统文化、社会主义核心价值观等方面的教育，可以帮助他们塑造绿色消费的观念，低碳生活方式也会得到推崇，进而推动生态文明建设，让"美丽中国"目标的实现与我们之间的距离变得更近一些。

从理论角度出发，要将思想政治教育的功能划分为个体性功能与社会性功能，两者在实际生活中的表现是紧密相连的，前者无法脱离后者而直接实现，且后者想要实现必须要以前者为媒介。我们要将这两种功能有机地结合起来，让思想政治教育进一步发挥作用。

# 第二节　思政教育的对象

思想政治教育的对象包括中华民族的每一个人，而本书主要研究的是高校思政教育教学，因此这里主要分析的思政教育对象为大学生。大学生作为一类特殊的人群，客观上有着自身的特殊性。他们既表现出同一般青年一致的"年龄特点"，又表现出与一般青年在思想品德和文化程度方面不同的"层次特点"。与不同时代的大学生相比较，当代大学生还有鲜明的"时代特点"。要想提升大学生思想政治教育的效果，就要从客观角度去认识大学生的实际特征以及身心发展方面的矛盾特殊性，并仔细分析他们的利益诉求。

## 一、大学生的心理特点

青年期是少年向成年人转变的过渡期，也是少年心理向成人心理过渡的关键期，而大学阶段则是青年期的最后时期。这段时间对大学生人生的作用是巨大的。在身体不断发育的过程中，大学生的心理面貌会在社会诸多因素的影响下发生改变。

### （一）情感丰富而强烈

情感是人对客观事物的心理体验与感受。情感是脑的机能，是客观事物刺激的反应。在年龄不断增长、智力水平不断提升、社会实践经验不断增多的情况下，大学生的情感越发丰富，主要表现为以下几点：

1. 理智感不断提升

理智感来源于治理活动带来的体验，它是大学生经过不断的学习与日常生活所沉淀出的产物，能为大学生认识并改造世界提供动力。学习既是大学生的基本任务，也占据了大学生生活的很大一部分，这也为大学生产生并快速提升理智感奠定了基础。在理智感的驱使下，大学生能够产生很多种心理表现，如求知、好奇、讽刺、幽默、探究等。

2. 道德感越发明显

从道德感出发，我们可以根据特定的社会道德标准，对一个人的言行举止进行评价。大学生在日常生活与学习中会慢慢塑造世界观，包括友谊观、爱国主义观、社会主义观、集体主义观在内的多种观念，能够提高大学生自身的道德感水平。大学生的道德感会越发明显，无论对他人还是对自己，他们都会产生多种体验，如睿智、反感、尊敬、感激、轻视等。

3. 美感进一步提升

一个人能获得多高程度的美感，在于审美被满足的程度。一个人要想发展美感，文化修养是必不可少的因素。作为具备高文化水平的青年群体，大学生更具对美的鉴别能力，他们能够在更大范围内、更深层次上去欣赏美。对于大学生而言，欣赏美与鉴别服装、聆听音乐、感受艺术、饱览美景都有所不同，因为他们既关注外在美，也重视内在美，这在一定程度上提升了社会对艺术美、社会美的欣赏要求。

### 4.友谊感十分突出

青年时期是人生的一个分界点，青少年期由于个人的思想刚刚开始出现一些自主，这时候对家庭的依赖较大，友谊感不强烈。当进入青年期，伴随着各方面的成长、思想的成熟，这个时期的人越来越注重友谊，并会主动寻求与自己的志向、性格、爱好、信念相合的朋友，与他们共同解决问题，互帮互助。

### （二）认识能力得到迅速发展

大学生的认识能力主要包括观察力、记忆力、想象力和思维能力。

#### 1.观察力的发展

观察是一种直觉活动，要求足够高的计划性、目的性和持久度，而观察力指的是通过事物表象将其属性、特征总结出来的能力。在日复一日地接受高等教育的情况下，大学生的观察力水平会不断提高，在进行观察时也更具目的性、准确性、深刻性和主动性。

#### 2.记忆力的发展

记忆力是人脑对过去经验中所发生过的事物的反应能力。大学生正值记忆力发展的黄金时期。他们的记忆方式也大有改进，无意记忆和机械记忆还存在，然而，占据主导地位的是有意记忆、意义记忆以及有目的记忆。此外，其记忆容量快速扩大，能够记忆更多来自书本、生活、社会等方面的知识，进而构建自身独特的知识储存系统。

#### 3.想象力的发展

想象力是在过去知觉的基础上创造新的形象的能力。不断发展的观察力与记忆力，以及不断积累的个人学习与生活资料，都在很大程度上推动了大学生想象力的发展。因此，大学生对未来抱有无限的憧憬。

#### 4.思维能力的发展

思维能力是大脑概括、间接地反映客观现实的能力。大学生随着第二信号系统作用的增强、学习范围的扩大和接触社会范围的扩大，抽象思维在思维活动中占据了主要地位，并逐步从经验性抽象思维向理论性抽象思维发展；在逻辑思维层面，从形式向辩证发展，且思维在敏锐性、批判性、深刻性、创造性等方面的水平都有所提高。

### （三）自我意识提升

自我意识指的是一个人对自己、与他人之间的关系以及对周围所处世界等方面的认识，具体表现为自我监督、自我批评、自我调节、自尊、自信、自制、自立、义务感、责任感、自豪感及自我观察等。对于大学生而言，迅速发展的身心为其产生高水平的自我意识奠定了基础，具体如下：

1. 自尊心、自信心和好胜心明显增强

大学生随着身心的发展和知识的扩展，显示出力量和才能，萌发出成人感，自尊心明显提高，要求受到别人的尊重。自信心的增强表现为他们对自己的知识、能力、情感和意识有了了解和信心，喜欢对自己作出肯定性评价。因此，我们在做思想政治工作时一定要肯定和保护他们的自尊心和积极性，同时又要严格要求，善于引导，使二者有机地结合起来。

2. 独立意向迅速发展

除了体力水平与智力水平提升外，大学生的思想水平也在不断提升，其独立性、自主性越发明显，对家庭的依赖性和被动性显著下降。当代大学生群体中有一个明显的特征，就是他们会用批判的眼光看待他人，不愿受到束缚，甚至会产生抵抗心理。这种独立性不一定是缺点。当然，对大学生的独立性要加以引导，使其朝着正确的方向发展。

3. 自我评价和自我教育能力成熟

大学生的自我意识水平不断提升，除了根据别人的评价来审视自己，也会按照自身独特的标准，对自己的各方面进行衡量。在自我评价能力不断加强的情况下，大学生向进行自我教育的目标稳步前进。并且，随着自我评价的准确性的提高，他们自我教育的主动性、正确性和稳定性亦相应提高。大学生思想政治工作应结合学生的这一特点，积极引导学生进行自我教育。

### （四）社会心理渐趋成熟

随着大学生各方面的发育成长，他们的社会交往扩大了，越来越重视人际关系，以提高自己在社会关系中的地位。而随着独立性的增强，他们与家庭、同龄人以及教师的关系都发生了变化。进入大学后，他们与家庭的关系逐渐发生了质的变化。他们渴望独立，随着知识、学历层次的提高和年龄的增长，他们在家庭中的独立性地位逐渐提高，行为的自主性越来越强。

在与同龄人的交往上，大学生希望自己可以像少年时期一样，有一种集体主义意识和集体归属感。大学中社团众多，各式各样，大学生参加社团活动的愿望强烈，以期承担更多的社会义务和社会责任，渴望在一个团体中体现自己的价值。

在大学生与教师的关系上，也发生了显著变化。大学生把教师看作师长和朋友，对教师的尊敬多于崇敬。师生关系从少儿时的"亲密型"转为"疏远型"。

### （五）个性、意志形成，兴趣爱好广泛

个性是某个人心理特征的综合体现，它能将一个人的精神面貌反映出来。随着身心的迅速发展及阅历和经验的增加，大学生越发富于理想和追求，进取心越来越强，充满了希望和活力。大学生的个性向稳定发展但尚未完成，仍具有可塑性。尽管这种可塑性逐渐减弱以至定型，但仍保留着少年时期那种好模仿的特性，并达到较高级的程度。榜样的力量是无穷的，利用大学生的可塑性和模仿性，进行正确引导和影响，对大学生良好个性的形成会产生积极影响。

拥有意志的人，可以主观地支配行动，也可以自觉地确定目标，并根据目标对自身行为加以调节，不惧各种困难，最终实现目标。在年龄、知识水平和自我意识水平不断提升的情况下，大学生的意志逐渐变得更具目的性、自觉性与坚持性，对自身行为的调节与支配也越发成熟，并且为了完成某一项任务，他们更有勇气去解决来自内心和外部世界的种种问题。

兴趣是积极探究某种事物或某种活动的意识倾向，是推动人们去寻求知识和从事某种活动的一种精神力量；爱好则是对一定事物所持的积极倾向体验。大学生的兴趣爱好与学习知识、发展智慧、健全体魄、陶冶性情等日常生活的主要内容和未来的事业紧密相连。大学生意识到学习的社会意义，知道今天的学习是为明天的应用；他们对感兴趣的知识热情洋溢、坚持不懈，对不感兴趣的学科则轻视，甚至放弃。对此，我们应予以及时指导，使他们明确各学科之间的广泛联系。由于如今的大学都是寄宿制，少了家庭的牵挂与制约，多出了很多的自由时间，

使之有了充沛的精力和广泛的兴趣爱好，对此，应适应大学生的爱好，开展丰富多彩的体育文化活动，使他们的过剩精力得到释放，以利于他们身心的健康发育。

## 二、大学生思想政治教育的特点和原则

### （一）大学生思想政治教育的特点

高校根据一定的社会要求，有目的、有组织、有计划地培养并提高大学生在思想品德、心理素质、政治素质等方面的水平，让大学生在思想政治教育的熏陶下，逐步向社会主义合格接班人的方向发展。具体来说，大学生的思想政治教育包含如下特征：

1. 时代性特征

在不断发展的当今社会里，大学生的思想政治教育要紧跟社会前进步伐，彰显时代性特征，而能够将这种特征彰显出来的是大学生思想政治教育的内容，包括党的方针、路线、政策及其来源与依据，从整体上看，这些内容具备多种不同的内在联系，并形成特定体系。所以，在我国思想政治理论教学中，充当主要内容的是马克思列宁主义、毛泽东思想、中国特色社会主义理论体系。学习这些内容，是符合当下理论发展需要的，也能够进一步帮助大学生加深对信念、爱国主义、道德理论、人生观等教育内容的认识。想要保证理论教育富含生命力，就要将具备时代性特征的理论内容融入思想政治教育体系里，大学生群体也乐于接受这样的思想政治教育。此外，时代性特征还要求理论与实际相结合，要求思想政治教育者提升驾驭理论、解决问题的能力，并要对实践中出现的热点与难点加以妥善处理，进而提升思想政治教育的说服力。

2. 民族性特征

民族是历史存在的自然产物，属于人类社会性存在的形式。经历了几千年的历史，中华民族已经形成了厚重的民族情感与渊博的民族文化，这些都是思想政治教育的重要内容。源远流长的中华民族精神为中华民族的生命力、创造力和凝聚力输送着不竭的动力血液，需要大学生通过思想政治教育将其牢牢掌握。

3. 人文性特征

大学生的思想政治教育具备人文性特征。重视对大学生的人文关怀，必须从

当代大学生的思想实际出发，树立民主、平等、沟通和协商的新观念，把大学生思想政治教育工作做细、做活、做实。要深入细致地研究当代青年思想中的热点、难点和疑点问题，提高他们的人文素质，培养他们的人文精神。

### 4. 综合性特征

大学生思想政治教育具备综合性特征，具体表现为综合运用马克思理论，为大学生提供理论教育。马克思主义对社会发展、人的发展展开了综合性研究，其研究领域涵盖经济、文化、社会、政治、人的思维等几方面内容。思想政治教育的工作对象是人，所运用的哲学、教育、社会、历史、政治等诸多方面的内容为教育的丰富性、多样性奠定了基础。此外，要妥善融合各方面的力量，对教育途径进行仔细考量、谨慎选择，从而更加稳定有效地开展思想政治教育工作，发挥思想政治教育的综合性特征。

## （二）大学生思想政治教育的原则

大学思想政治教育的原则形成于大学生思想政治教育的实践过程，这个原则贯穿于大学生思想政治教育的始终，是大学生思想政治教育活动得以顺利开展所必须遵循的基本原则。

### 1. 民主原则

民主原则是指在大学生思想政治教育中，尊重学生的主体性地位，尊重学生的民主权利与人格，并为大学生充分展示自己、表达自己提供环境与正确引导。从本质上看，民主即平等，这一概念放在大学生思想政治教育中，指的就是教育者与受教育者要互相尊重人格、互相尊重民主权利，并给双方足够的表达自我的空间，进而解决特定问题，帮助大学生实现思想政治教育的实际目标。大学生思想政治教育是无法直接对人产生行为作用的，它主要以对象的复杂心理为媒介，对人的意识产生作用，进而对其行为产生影响。教育对象，也就是大学生，属于青年群体，拥有成熟的自我意识，并能够主观地认识和评价自身以及所处环境的各种关系，盲从性低而主观意识强。所以，教育对象关心教育内容的程度和对教育内容的思考、理解，以及相应的主动性、积极性，都能够决定大学生思想政治教育的成果。这就要求大学生思想政治教育始终秉持民主原则，重视学生的主体地位，并保证教育者和受教育者处于平等地位，互相尊重，为大学生构建足够民主、足够和谐、足够生动活泼的学习环境。

### 2. 方向性原则

方向性原则用于形容大学生思想政治教育的全部活动要贴合社会发展的要求，并始终在正确的政治道路上进行。在这一原则的约束下，大学生思想政治教育能够不遗余力地坚持社会主义思想和共产主义思想，坚持党的基本路线，并始终遵循中国共产党的纲领要求与宗旨要求。对于大学生思想政治教育活动来说，坚持方向性原则至关重要。第一，坚持方向性原则，能够保证无产阶级思想政治教育始终彰显本质特色；第二，坚持方向性原则，能够保证人们在思想、行动上实现统一，使思想政治教育收获更好的效果；第三，坚持方向性原则，是使思想政治教育的价值发挥出来的关键。在对思想政治教育的价值进行衡量时，教育目的的实现效果、方向性原则的贯彻效果都是必要的标准。

### 3. 求实原则

求实原则代表着科学的工作态度。思想政治教育主要负责改变人的思想，而华而不实、不符实际的做法都只会毫无收获。大学生思想政治教育的一大特征是具备针对性，始终秉持实事求是的原则是这种特征的要求。在开展思想政治教育时，教育者要立足于社会发展的实际情况与受教育者的思想情况，并通过马克思主义的基本理论解决社会问题以及受教育者的思想问题，进而总结规律，为大学生思想政治教育提供必要的指导。从另一角度看，大学生思想政治教育要始终遵循实事求是、从实际出发、理论与实际相结合的原则与路线，这就是求实原则。

### 4. 差异性原则

大学生的思想现状与社会主义发展要求之间，既存在着总方向上的一致性，也存在着具体要求上的差异性。这种差异性是客观存在的，这就是大学生进行思想政治教育的起点，差异性产生的根源和影响因素是多方面的。在高校思想政治教育过程中，承认教育对象思想认识的差异性，是进行良好的思想政治教育的起点。教育者在思想政治教育中，要从大学生的思想实际出发，在密切联系学生思想实际的基础上开展活动。一方面，教育者要不断深入学生，不断地研究学生的思想状况，在了解学生思想脉搏的基础上有的放矢地进行教育；另一方面，教育者要把握大学生的不同思想层次，做到因层次而异，因人而异。在把握整体思想状况的前提下，教育者还应分析不同个人的层次类型，并针对不同的个人和层次类型采取不同的教育方法，充分发挥教育的针对性特点，实现教育的预期目标。

### 5. 灵活变通原则

大学生可以在接受思想政治教育的过程中实现与他人在思想上的沟通与情感上的交流，并且他们可以时刻感受到正确的思想与真挚的情感。无论是人的情感，还是人的思想，都是比较丰富和复杂的，在进行思想政治教育时，要尽可能地降低木讷、古板、极端等负面倾向出现的概率，从教育对象的实际思想状况与个性特征出发，为其提供有针对性、灵活多变的教育环境与教育手段。此外，根据灵活变通原则，思想政治教育要紧跟时代变化的脚步，针对大学生不断变化的思想状况与需求，要做到与时俱进，时刻探索新规律，并更新思想政治教育的方法。

### 6. 尊重爱护原则

在大学生思想政治教育过程中贯彻尊重爱护原则，就是要求高校思想政治教育工作者必须尊重教育对象的主体地位，从关心爱护的愿望出发，努力发挥他们的主观能动性，并进行启发诱导，促使他们积极地进行认识交流并提高思想认识水平。思想政治教育活动是主体之间的互动过程，要进行切实有效的思想政治教育，教育者首先在思想上必须树立以尊重爱护教育对象为前提的指导思想。思想政治教育是以帮助教育对象在政治态度、人生道德、人生价值等方面确立与社会意识相一致的个人意识为目的的一种人类精神活动。对教育对象尊重的含义是：教育者要承认教育对象是具有个性特征和独立人格的主体。要能够体会教育对象的喜怒悲乐，教育者和教育对象之间应以同志式、朋友式的关系进行交流，从而建立起双方互相尊重、互相交流、互相切磋、共同提高的良好关系。只有切实尊重和爱护教育对象，以真诚关心的态度和平等的姿态面对教育对象，才能提高思想政治教育的效果。

### 7. 政治理论教育与社会实践相结合原则

思想政治教育既要求提高对理论教育的重视程度，又要求对实践教育加以重视，讲究行为的养成，强调知行统一的实现。就思想政治教育工作而言，理论教育是基础，想要让大学生理论教育收获满意的教学效果，就要不断改进教学的方式方法，并及时更新相应载体，保证教学足够生动活泼又不失情理，让受教育者在积极的情绪中掌握各种思想政治知识；可以通过一定的声像、图片，推动思想理论的宣传，并为受教育者提供他们比较习惯接受的活动，进而促进其对马克思主义基本理论、邓小平理论、"三个代表"重要思想、科学发展观、习近平新时代中国特色社会主义思想等知识与观念的掌握与理解。理论源于实践，同时又为实践提供指导，理论的价值与功能需要通过实践过程加以体现。要以开展社会实践活动的方式，为大学生提供认识理论、巩固理论知识、强化理论认识的机会，进而帮助他们提高思想觉悟水平与认识意识。

# 第三节　思政教育的理论基础

思想政治教育学是以马克思主义为理论基础展开的。将马克思主义作为思想政治教育学科建设的指导思想，一方面，是为了保证马克思主义的整体性，保证对思想政治教育学研究进行指导的马克思主义思想足够准确、完善；另一方面，是为了根据不断发展的马克思主义，尤其是根据中国特色社会主义理论体系，推动思想政治教育学科的发展。

我们要保证指导学科建设的马克思主义足够完整准确，马克思主义不仅是具备完整性、严密性的理论体系，也是思想政治教育学的指导思想，我们要坚持理论的整体性特征，对教条主义等不良倾向要多加防范，时刻保证马克思主义科学体系的指导地位。想要掌握马克思主义的整体性特征，就要先明白"什么是马克思主义，怎样坚持马克思主义"，换句话说，"坚持什么样的马克思主义，如何坚持马克思主义"是开展思想政治教育首先要回答的基本理论问题。

## 一、坚持以完整准确的马克思主义为指导

### （一）坚持马克思主义的本质规定性

马克思主义的本质规定性是实质的体现，要想坚持马克思主义，根本前提是坚持马克思主义的这种特征。首先，马克思主义的理论特征表现为要倡导辩证唯物主义、历史唯物主义的世界观、方法论；其次，马克思主义的最终理想是始终为社会主义、共产主义而不懈奋斗；再次，从马克思主义的政治立场出发，要始终坚持帮助无产阶级、人民群众争取利益；最后，根据马克思主义中最为重要的理论品质，要将理论与实际结合，在实践中对真理进行检验与发展。这四个方面不仅属于马克思主义内在的本质规定性内容，也能够对马克思主义进行分辨与测

验，还可以将马克思主义中国化所倡导的理论创新的客观规律呈现出来。我们可以将上述四方面内容视作"一脉相承"的"脉"，在进行中国特色社会主义建设时，要始终坚持这几条原则。

### （二）坚持马克思主义的基本原理

作为马克思主义科学体系的内容基础，马克思主义基本原理能够生动地反映出马克思主义的本质规定性，其包括以马克思、恩格斯为代表的思想群体在不断进行实践的过程中总结或验证的各种科学真理，自然、社会、思维等方面的发展规律都属于这类真理，马克思主义哲学、科学社会主义、政治经济学等方面的理论与观点也属于马克思主义本质规定性的范畴。首先，马克思主义哲学揭示了包括反映论原理、唯物辩证法、唯物史观、社会基本矛盾、社会发展趋势在内的各种基本原理，它也可以将人的本质、主体性、交往实践、发展规律、马克思主义价值论和方法论等理念呈现给世人；其次，政治经济学能够将劳动价值论、所有制论、剩余价值论等基本原理有效揭示出来；最后，科学社会主义能够将阶级斗争、资本主义与社会主义历史命运、无产阶级革命、共产主义发展、无产阶级政党建设等原理与理论有效揭示出来。在面对上述诸多基本理论时，我们要通过社会生活实际，对其作出科学阐述，并对其理论内容不断创新，要抱着发展的态度坚持马克思主义理论。

### （三）坚持马克思主义的基本特征

马克思主义的本质规定性和基本原理外在表现为马克思主义的基本特征，这个特征能够将马克思主义与其他思想体系区分开来，并且这个特征存在不同的层次。第一层，阶级性（党性）、科学性、实践性，这些特性属于马克思主义的本质特征；第二层，开放性、发展性（动态性）、创新性，这些特性能够将上一层特性呈现出来。无论是实践还是马克思主义，都是处于不断发展、与时俱进的状态中的。对马克思主义的基本特征加以坚持，不仅意味着要坚持实践性、阶级性、科学性等特征，而且意味着坚持发展性、开放性、创新性等特征，并保证二者的有机结合。如果我们能做到这一点，就可以在坚持马克思主义基本原理的基础上，不断对其进行创新与发展，为马克思主义提供源源不断的生命力。

在马克思主义的理论体系中，本质规定性、基本原理、基本特征之间存在相辅相成、互相统一的联系。坚持马克思主义的本质在于坚持其本质规定性，并坚定不移地秉持基本原理与基本特征。这样一来，才能让受教育者对马克思主义的科学体系有清晰的理解与认识，并为思想政治教育学科明确健康的发展方向。

## 二、如何坚持以完整准确的马克思主义为指导

### （一）要准确把握马克思主义的科学体系

准确把握马克思主义科学体系的关键是深化马克思主义理论体系研究，加大对马克思主义发展史、马克思主义基本原理的研究力度，并站在马克思主义的立场上，始终坚持马克思主义观念，始终秉持科学态度，坚决反对种种试图割裂马克思主义、曲解马克思主义、庸俗化马克思主义，以及对马克思主义望文生义、张冠李戴、以偏概全的行为。需要注意的是，不分时间、地点、环境，任意地使用马克思主义中特定场景下的某句话的做法是非常错误的。准确把握马克思主义的科学体系，需要对马克思主义基本原理中需要长期坚持的与需要结合实际加以丰富发展的进行判断分辨，要改变部分教条式理解马克思主义的做法，并对马克思主义的理论和科学体系进行仔细、完整、准确的研究与把握，进而感受其精神力量，推动马克思主义的发展。

### （二）要大力推进马克思主义中国化

坚持马克思主义，需要通过实际加以落实，并根据实践效果加以检验。只有从马克思主义中国化的最新成绩出发，处理中国的特定重大问题，并不断推进中国特色社会主义事业的发展，才能更加坚定马克思主义的领导。根据我们党始终强调的科学方法论，切忌用条条框框约束实践，一切要以实践为基础，从而明确围绕实际问题展开的马克思主义独特方法。

### （三）要不断丰富马克思主义的内涵

对于马克思主义来说，坚持与发展存在辩证统一、相辅相成的关系。要以马克思主义基本原理为基础进行理论创新，并明确发展方向，而坚持马克思主义，要求根据实践的情况进行理论创新，确保马克思主义时刻具备充足的活力。坚持马克思主义，要求从实践出发，不断进行理论创新，既要坚持特定的立场、方法、

观念，又要坚持马克思主义的基本原理，还要坚持解放思想、实事求是的发展方向，要大力推崇对真理不断追求、不断探索的精神。

要将马克思主义与中国的发展实际、时代特色结合起来，对马克思主义既要坚持又要发展，进而保证对待马克思主义的态度足够科学，也能让马克思主义创造活力的功能发挥出来。

通过将马克思列宁主义与中国实际相结合，中国共产党取得了两次历史性的成果，并得出了马克思主义中国化的重要理论，即毛泽东思想，也实现了在中国特色社会主义理论体系的作用下，中国共产党通过推进马克思主义中国化进程而进行的理论创新，这在很大程度上丰富了马克思主义的理论内涵，进一步推动了马克思主义的前进，并为思想政治教育的开展夯实了理论基础。在当今时代，我们要始终秉持一脉相承、与时俱进的态度，坚定不移地拥护马克思主义理论在思想政治教育中的指导地位，不仅要仔细钻研马列主义、毛泽东思想、中国特色社会主义理论等方面的知识，还要将这些思想作为思想政治教育学科建设的指导思想，尤其要重视中国特色社会主义理论体系的真实作用。

马克思主义必定随着时代、实践和科学的发展而不断发展，不可能一成不变。中国共产党在长期革命斗争中形成了理论联系实际的优良传统和学风，一直把是否坚持马克思主义的基本原理同中国革命、建设和改革的实践相统一作为检验党是否成熟以及成熟程度的标准看待。今天，我们建设中国特色社会主义，加强有中国特色的思想政治教育学科建设，仍然必须发扬这一优良传统。一方面，要牢记马列主义、毛泽东思想的基本原理不能丢，丢了就会丧失根本；另一方面，要以我国改革开放和现代化建设的实际问题、以我们正在做的事情为中心，着眼于马克思主义理论的运用，着眼于对实际问题的理论思考，以及新的实践和理论的发展。马列主义、毛泽东思想和中国特色社会主义理论体系是一脉相承和与时俱进的科学体系。因此，坚持中国特色社会主义理论体系就是真正坚持马克思主义；高举中国特色社会主义理论体系的旗帜，就是真正高举马克思主义的旗帜。思想政治教育学科建设要特别强调坚持以中国特色社会主义理论体系为根本指导思想，坚持以党的基本理论、基本路线、基本纲领、基本经验、基本要求为方针。

# 第二章 网络时代高校思政教育教学的基础分析

本章内容为网络时代高校思政教育教学的基础分析，主要分析了网络时代高校思政教育现状、网络时代高校思政教育教学的必要性以及网络时代对思政教育教学的影响。

## 第一节 网络时代高校思政教育现状分析

### 一、互联网为学校思政教育带来的机遇

网络具有资源共享性、功能多样性、内容广泛性、速度快捷性、环境开放性、作用双重性等诸多鲜明的特点，深得大学生的喜爱并已被广泛应用。大学生是文化的排头兵，大学生群体可以借助网络的力量，更加个性化地传播信息，这使大学生群体成为网络环境中重量级别的"发言人"。网络传播的信息是全人类所共有的，每个人都可以获得、都可以拥有。美国著名作家戴维·罗思曼在《网络就是新生活》[①]一书中指出，网络的存在能够有效促进思想政治教育工作的开展，结合网络的便利，高校能够通过新的方式进一步提升思想政治教育的吸引力。在网络中，不但能够极为便利地获取信息，还能够传递信息，所以高校在开展思想政治教育工作的过程中，可以通过网络有效解决传统教学过程中的各种问题，进一步增强教学效果。除此之外，对高校内部从事思想政治教育工作的人员来说，网络的存在能够使他们更为便利地了解到学生的情况，并及时根据学生的思想情况，发布有针对性的信息进行引导，从而更加有效地完成思想政治教育工作。

---

① 戴维·H. 罗思曼，郭启新，刘文华译. 网络就是新生活 [M]. 南京：江苏人民出版社，1998.

**（一）拓宽了显性教育和隐性教育的载体**

在高校的思想政治教育工作中，为获得良好的教学效果，一直以来都兼顾着显性教育与隐性教育。通常情况下，人们主要通过视觉感官接收外界信息，在现代社会里，人们获取信息最快捷有效的途径之一就是利用现代化的计算机进行交流与沟通，而计算机网络所传达的信息足够生动有趣，所以能够使用户获得更加真实的表现效果并受到感染。

1. 高校思想政治工作中的显性教育

显性教育本身是思想政治教育中的主要教育方式，是一种较为直接的、有意识的教育活动，是有形的思想政治教育[①]。显性教育的主要形式有课堂教学、先进人物报告会、谈心、交流会等。思想政治教育中的显性教育属于理论性、知识性课程教学体系中的重要内容，具有目的性、计划性、组织性、社会性和实践性等特点。显性教育在我国高校思想政治教育的发展过程中有着举足轻重的地位，促进了高校思想政治教育的长足发展。

在我国过去的思想政治教育中，显性教育的教育模式大行其道。在我国各大高校中，思想政治教育的显性教育就是在一个公开场合中由宣讲者向受教育者进行思想政治相关知识的讲授，通过此种方式使大学生逐渐熟练掌握各种思想政治相关的知识，并确保自身形成的思想政治观念足够科学且系统。需要注意的是，尽管显性教育在思想政治教育工作中十分盛行，但是其本身也存在着一定程度上的不足。

首先，从显性教育的内容来看，过分看重道德教育，轻视道德实践；只注重道德理想教育，忽视基本文明素养。例如，在显性教育的教学过程中，讲的都是概念、观点和原理性的东西，实践性不强。

其次，显性教育往往是把道德教育目标作为教育活动的出发点，而不是把道德需要作为教育的前提。事实上，从不同阶级的不同需要来看，道德目标与道德需要存在脱节，这样就使显性教育失去了其先天的"有效性"。

2. 高校思想政治工作中的隐性教育

在高校思想政治教育过程中，隐性教育并不像显性教育那样明显、死板，更多的是通过各种不起眼的方式，使受教育者能够在潜移默化中受到影响。它包括

---

① 郭雪花. 显性教育与隐性教育相结合的德育新模式研究 [D]. 厦门：厦门大学，2006.

以大学校园物质环境为载体的物质形态隐性思想政治教育、以学校管理制度为载体的制度形态隐性思想政治教育以及将大学精神作为表现载体的精神形态隐性思想政治教育。

隐性教育本身有以下几种特点：一是能够充分发挥出教育主体的参与性，在教育过程中可以使用一切合适的事物。二是教育内容的隐蔽性、渗透性，隐性教育是把教育内容渗透到个人的社会实践中，从而对受教育者产生导向作用。三是教育方式的间接性，隐性教育可以通过侧面、间接的教育对大学生产生潜移默化的影响。四是教育载体具有多样性、广泛性。五是教育主客体之间具有平等性、互动性，隐性教育的基础就是平等和互动，平等为受教育者交流提供了平台，互动为受教育者交流提供了保障。

伴随着时代的发展，现代社会大学生能够接触越来越多的信息，高校实施显性教育中存在的部分缺漏可以通过隐性教育加以补足，并且，隐性教育本身在多样性与开放性等方面与网络环境的信息传递十分契合，更能够适应大学生的需要。值得注意的是，现阶段我国部分高校在推行隐性思想政治教育的过程中，有着多方面的问题，或是相关意识薄弱，又或者是不能很好地对相关资源进行开发与利用，并不能较好地做到与显性思想政治教育的结合。

因此，高校在进行隐性教育的过程中应做到两个保障。一是保障"育人为先"，做到思想政治教育的目的以提高大学生的思想道德水平为首要任务。二是保障育人机制，建立高校健全思想政治教育保障机制，通过人力保障、制度保障，加强大学生的思想政治建设，同时将显性教育与隐性教育相结合，进一步提高大学生的思想道德素质和高校思想政治教育的效果。

高校教育工作者可以通过课堂讨论、实践沙龙、高峰论坛等形式就网络重大事件和热门话题与同学展开讨论。在这个过程中，能够对高校大学生产生潜移默化的影响，有效促使学生建立正确的三观，形成正确的思想和行为方式。

另外，通过网络事件开展高校思想政治教育工作，能够在一定程度上将显性教育中所倡导的价值导向与隐性教育进行"润物细无声"的结合。通过不同的方式在无形中引导大学生，对他们的思想观念和行为进行隐性引导。

此外，高校还可以利用各种硬件设施，如户外电子屏、学生电脑、各种移动设备等，对学生进行显性和隐性的教育与引导。借助这些措施，通过学生较为关注的网站、论坛、手机 App 等以主题化的形式出现。利用好网络丰富的信息资源搭建信息平台，以大学生喜闻乐见的方式进行有说服力、有针对性的宣传和教育，在寓教于乐中把科学理论和党的路线方针政策渗透到大学生头脑中。可以利用网络方便快捷的传播方式，借助网络手段，通过 QQ 群、贴吧、微信、微博等加强与学生的交流，及时发现并解决问题，提高工作效率，增强师生情感，适时地进行思想政治教育。

### （二）网络增强了高校思政教育的时效性

伴随着时代发展，网络化进程加快、信息化普及，信息的传递速度越来越快。借助方便快捷的网络，受教育者能够更方便地在线上接受教育，并且能够及时获取各类信息。

在网络技术的推动之下，高校思想政治教育工作能够更加快速、方便地进行信息的传递。

通过网络，能及时、迅速地让大学生全面了解国内外重大时政要闻，缩短了学生与外部世界的距离，在拓宽大学生视野的同时，也使思想政治教育的过程变得潜移默化。借助网络技术，可以通过迅速、及时、准确的传播方式，使思想政治工作者及时调整教育内容和教学方式，以达到更佳的教育效果。

### （三）网络拓展了思政教育工作的空间、领域和模式

网络为高校思想政治教育工作开辟了新领域和新空间。在数字技术与计算机网络技术、移动通信技术的充分结合下，网络逐渐发展成为一个较为严密的网络体系，并且这一体系比我们之前所有的传播技术或者交流工具都更加先进，发生了质的改变，而且其中有着庞大的资源量与信息量，能够更加方便地进行交互与信息传递等。高校可以建立一个符合自己要求的思想政治教育网站，在该网站上开展相关教学，使大学生能够接受更加丰富且有趣的思想政治教育，根据自己的时间及时了解各种新闻时事，及时提高自身思想道德素养。

网络的存在使高校思想政治教育工作又有了新的传播平台，相比之下，传统的思想政治教育多采用课堂教学或者面对面的谈话等教学方式，这使教育形式单一化，同时也受到时间、地域的限制。现如今，能够在网络技术的支持下，更加方便、快捷、高效地开展思想政治教育教学工作，不再受到地域与时间的限制，

借助于丰富多样的思想政治教育内容对高校大学生进行教育。网络环境下发展了一系列社交方式，如 QQ、微信、网络论坛等，这些社交方式具有快捷、灵活、互动性强的特点，有效促进了高校思想政治教育工作的开展。

网络为高校思想政治教育工作提供了新模式。网络环境下思想政治教育的模式是一种双向的模式，借助网络技术，能够通过图片、文字、视频、音频等声情并茂的形式进行交流。网络环境下的教育模式做到了两结合，首先是将高校的校园文化与网络文化进行充分结合，最终确保网络技术的发展能够带动高校开展文化建设，进一步促进了高校文化的丰富与繁荣。其次是大学生的成长与网络文化进行结合，进一步提高了大学生的思想道德素质，促使大学生的思维把"现实"和"虚拟"相结合，有效推动了思想政治教育和网络价值影响之间的和谐，对高校思想政治教育的内涵加以丰富，最终确保高校始终保持积极健康的文化环境。

### （四）网络扩大了思政教育工作的开放性和自主性

首先，网络环境是广阔无垠的，借助交互式远程教育的方式更加方便了思想政治教育的传播，由此可以保证受教育者即使身处不同地域也能够获得相同的思想政治教育，并且能够较为方便地在网络上向教师请教疑难问题或者与一同学习的人进行交流沟通。其次，网络的存在有效连接了家庭与学校，使教师与家长能够随时随地了解学生的学习情况与政治思想倾向，便于双方做好交流沟通的工作，共同为学生的发展保驾护航。所以说，网络的存在有效拓宽了思想政治教育的空间，使其更具开放性。

网络环境最主要的特征就是信息环境的开放性。网络本身的开放性与高校的思想政治教育进行充分结合之后，使高校思想政治教育工作一改传统教育方式和教育模式，使传统信息渠道单一的状态变得更加多元化。当今社会，网络的开放性和自主性使人们能够多元地表达个人思想，大学生在网络环境中有了更多话语权。

### （五）网络增强了大学生思政教育主客体双方的信任度

在接受思想政治教育的过程中，教师与学生之间的信任状况会直接影响大学生的学习情况。值得注意的是，很多大学生并不愿意敞开心扉与教师沟通自己的隐私，但是，随着网络信息技术的不断发展，大学生能够通过网络接受思想政治教育，并且在网络环境中尽情交流，有效减少了大学生的顾虑，进一步提高了双方的信任程度，有效增强了大学生思想政治教育的教学效果。

因为在网络环境中能够更加轻松地实现交互动作，所以人们更倾向于在其中主动进行思想上的碰撞和交流，并不会因为现实生活的身份、地位等限制而在交流中有所顾虑。在这种环境中的受教育者能够更加放松地敞开心扉，进行更加直接且真实的交流。

网络技术的进步使处于高校思想政治教育中的教育者与受教育者能够更放心地进行交流，有效增强了双方的信任程度。并且，需要注意的是，在网络技术的影响下，教育工作者在进行高校思想政治教育工作的时候已经完全摒弃了传统的教育思维，开始积极通过网络与大学生进行沟通交流，由于网络传播技术打破了真实世界和虚拟世界的界限，使教育者和受教育者之间的心理距离逐步缩小，许多大学生在进行网络社交的过程中心理防范减小，能够敞开心扉与对方进行交流，发表自己的意见，真正实现畅所欲言，教育者和受教育者之间的交流是在完全信赖的基础上完成的。在网络社交媒体中，受教育者的内心表达更加清晰且真实，教育者就可以及时关注这些内容，以便更加深入地了解受教育者的真实想法，从而有针对性地开展思想政治教育工作。

## 二、互联网为学校思政教育带来的挑战

网络环境下，信息的自由传播扰乱了信息传播的环境，可能造成媒体的失范，使个人隐私、伦理道德、信息安全等一系列问题频频出现，这一切很容易对高校大学生的思想、道德、政治观念产生负面影响，给高校思想政治教育工作带来了极大的挑战。

### （一）网络对意识形态提出挑战

思想政治教育实质上是一种思想的灌输与教育，其目的是帮助学生树立正确的人生观、价值观与世界观，帮助学生正确地对待学习、工作和生活，并且帮助学生树立正确的思想意识。网络时代，有些人利用网络传播不良思想主义，这些错误思想在一定程度上对大学生的思想产生了消极影响，不利于学生形成正确的道德观和价值观，影响了高校思想政治教育工作的开展，对我国的思想政治教育

工作来说是一个严峻的挑战。

### （二）网络对大学生健康成长教育提出挑战

网络的出现对大学生的思想政治教育提出了一系列新的课题，使大学生的交往方式、学习手段等出现了新的变化。与之相应，思想政治教育者必须转变教育理念，学会利用网络的信息优势，使思想政治教育尽可能地适应网络环境。在网络环境中充斥着形形色色的信息，一部分不良信息直接影响着大学生的思想健康与心理健康。

### （三）网络对高校思想政治教育方法提出挑战

网络以信息资源的海量性、传播技术的数字化、传授双方的互动性、传播方式的多样化与个性化的特点，迅速被社会大众接受和广泛使用。它在为人们提供便捷信息服务的同时，也深刻地影响着人们的生活，使人们的思维模式、行为方式、心理意识等方面都发生了变化。目前，大学生已成为网络使用群体中的主力军。

目前，高校思政课常用的教学方法虽然多样化，但从本质上来讲，仍然没有脱离"教师讲、学生听""教师灌输、学生接受"这种传统的以信息单向传递为主的教学方法范畴。在网络环境中，任何带有社交性质的软件都有着一个共同的显著特征就是双向传递信息，并且新时代的媒体有着自由度高、开放性大、虚拟性强等特点，进一步促进了大学生自我意识的诞生与增强，以全面参与的方式发表意见，达到双向传递信息的目的，由此就导致始终坚持单向传递信息的高校思想政治教育课面临着很大挑战。伴随着网络信息技术的发展，高校思想政治教育工作再使用传统的方式与方法进行教学就很难满足高校大学生的成长成才需求。

### （四）网络对高校教师的话语权提出挑战

教师权威主要指的是一名教师所具备的教育权威，它集中反映了学校教育的权威，简单来说，就是指教师在开展教学工作的时候能够对学生产生重大影响，只有这样，才能够促使学生对教师做到信任与顺从。现阶段的教师权威之所以受到冲击，主要是由于近年来网络技术的进步、教育教学改革的深入。

伴随着网络与信息技术的飞速发展，越来越多的大学生能够在网络环境中更加高效地获取需要的信息，这种开放性、自由性和便捷性使大学生更加倾向于在网络中获取知识，逐渐降低了对高校思想政治教育课堂的依赖。并且，在此过程中，大学生逐渐开始勇于表达自己的思想，不愿意对思政课教师的思想进行盲从，自觉意识与自护意识开始觉醒，直接消解了传统教育的权威，使传统的高校思想政治教育课堂中由教师进行主导的教学理念被抛弃。

在传统的高校思想政治教育中，教育者有着权威性，能够更好地进行教学工作的开展，学生也对其十分认同，最终能够获得良好的教学效果。但是伴随着网络时代的到来，网络本身所具备的互动性、自由性、开放性、平等性等特性直接使被教育者能够以一种更加平等的姿态自由地获取知识。所以说，在进行高校思想政治教育的过程中，因为大学生会比部分教育者更多地接触新鲜信息，所以很多教育者口中提到的新鲜事物已经是大学生眼中的旧事物了，而大学生口中的新鲜事物甚至是教育者未曾接触的存在，这就严重削弱了大学生对教育者的信任程度。为确保教学工作的有效开展与顺利进行，高校思想政治教育者需要顺应时代发展，进一步提高自身水平，进而提高大学生思想政治教育实效。

# 第二节　网络时代高校思政教育教学的必要性

## 一、高校思想政治教育的重要意义

思想政治教育本身并不是一蹴而就的，需要长时间的影响与熏陶，才能够获得理想的教学效果，大学生思想政治教育亦是如此。大学生需要在长期的实践过程中，逐渐调整自己平时生活学习中的行为习惯，认真思考自己的理想未来、人生规划，逐步掌握思想政治教育的理论原理，及时调整自己的生活方式和行为习惯。大学生思想政治教育不是孤立的、片面的，它是整体的、有联系性的。在现实生活中，接受思想政治教育的大学生会相互影响，在大学生群体中出现其特有的特征。大学生思想政治教育是一个长期的过程，人具备流动性，整个社会都在不断向前发展，大学生思想政治教育会受到所处环境的不断影响，产生不同的效果。

大学生思想政治教育是在理论指导实践的基础上，根据大学生的成长特点，指导大学生行动的理论基础。在实践过程中将从实践中总结出来的思想理论精华上升为理论基础，指导大学生的实践。思想政治教育理论无处不在，在大学生日常生活和学习中、在生活实践的每一个细节中时刻起到指引的作用。在保障大学生生活、学习有序性的同时，也是大学生迈向人生舞台的重要基础。

大学生通过思想政治教育全面深刻地了解自己、了解社会，与时俱进地接受思想洗礼，充分认识自己的信念追求，更加健康地成长。大学生要形成自己的世界观、人生观和价值观，需要思想政治教育的指导和帮助，将思想政治教育时刻与自身实际情况相结合，融入大学生的生活学习中。思想政治教育对大学生价值观的形成有很大影响，大学生具体生活实践是以思想政治教育为指导的，思想政治教育通过与大学生人生追求的碰撞，帮助大学生以更好的状态在人生舞台上发挥自身价值，确立适合自己的人生理想，寻找适合自己的方法，更好地发挥自身的潜能。借助思想政治教育，大学生能够更加深刻地认识各种社会现象，并选择合适的方式发挥自我价值。高校内部思想政治教育能够有效引导大学生的身心健康成长，就大学生在现实中遇到的问题进行解答。

大学生思想政治教育需要给大学生的发展提供一个符合新时期的环境，通过将社会、家庭以及高校紧密地凝结在一起，共同为大学生思想政治教育做出努力。高校通过授课帮助大学生感受和了解社会实践活动，发现大学生需要改进的地方，并及时引导大学生，使其思想发展走向正确。家庭方面，引导大学生找准自己的位置，日常生活的行为举止要正确。社会方面，大学生通过社会舆论和法律法规得到信息反馈，各层面密切配合，认可大学生的价值观以及品德行为，发掘新时代大学生中所蕴含的能量。只有这样，社会对大学生的思想政治教育才真正完成，才能将大学生培养成社会主义接班人。

## 二、高校思想政治教育的作用

若要在新时代实现高校思想政治教育格局的建立，就需要充分发挥思想政治教育中的育人作用，以便实现高校立德树人的目的。

### （一）凝聚主流思想

所谓"主流思想"，就是被社会成员接受的准则与共识，也就是由人在历史上与现实中所形成并能引导人正确行动的观念。高校思想政治教育工作要想顺利开展，需要尽力凝聚主流思想，积极引导大学生学习主流思想，并进行掌握与消化。

## （二）传播社会正能量

"正能量"是指情感和动力，包括一切积极向上、充满正能量、奋发图强的人和事，同时也是一种健康乐观、积极奋进的态度。人们的期待和渴望通过"正能量"得到很好的诠释，它紧密联系和依赖着人们的情感。只要社会上所有人都相信正能量，把其当作一种信仰不断传播，就能够激励人们奋勇向前。

为了弘扬正能量，高校内部应当积极锻炼学生的品格，培养学生的高尚情操，不断创新教育载体，开展各种主题教育活动，进一步完善教育体制，为大学生思想政治教育营造良好的、积极向上的校园文化氛围。

## （三）树立社会主义核心价值观

"核心价值"作为是非标准和需要遵循的行为准则，是判断群体或个人在社会中做事的主要依据。在党的十八大之后，社会主义核心价值观得到推广，并成为我国社会一致认同的价值准则。人们要想形成正确的价值判断，只有通过不断弘扬这种核心价值，才能形成共同的价值取向。

大学生群体是生产力社会中的特殊群体，表现最为突出的是特殊性和独立性。青年人生观、价值观的形成在大学阶段尤其重要，大学生通过学习思想政治教育，逐步形成有利于自身进步的、符合国情发展的价值观，青年们根据自己的喜好和优势，思考、确定自己未来的发展方向。可通过两部分来完善大学生的思想政治教育，一是大学生自身的思想品德，二是其政治素养。首先，大学生应该了解自己的自身特征；其次，应该知道如何做才能成为对社会、对国家、对自己有益处的人，在学习的过程中建立自身良知和社会底线。政治理念、政治立场和政治态度是政治素养的综合体现，只有提高政治素养，才可以在实现自己价值的同时，将自己前进的力量贡献给国家。

大学生思想政治教育关注的焦点是大学生的实际思想生活需求和具体的思想特点，让大学生树立社会主义建设者主人翁意识，不断拓展大学生的视野，使大学生进一步思考其社会定位和自身的发展。党和国家出台相应的政策，制定大学生人才培养计划，通过分析青年一代的思想状况发展水平，为大学生提供服务，建立相应的行为规范，以便更好地对高等院校及大学生实践行为进行约束与监督，根据实际情况不断进行积极地调整，以便能够更加合理地培养人才，使他们能更好地推动社会向前发展。在新时代，要始终坚持把立德树人放在首位，积极培养大学生，引导大学生主动养成良好的生活习惯，把大学生的专业课程和思想政治教育结合起来，更加深入地联系大学生的实际生活。对于不同的高校来说，在面对不同学生的时候应当根据实际情况以及国家确立的人才培养计划，有针对性地开展思想政治教育，以便更好地提升大学生的思想政治教育素养，促进大学生的健康成长。

我国大学生的思想政治教育，是根据我国社会主义国情的发展需求和大学生自身的特殊性制订的人才培养计划，以素质教育逐步引导和帮助青年大学生开展健康的实践活动。这是在统筹规划我国各个方面的发展情况后，为将大学生培养成社会主义建设的新一代接班人，使其能够形成健康的政治素养、心理素养和道德品质而开展的。

开展思想政治教育工作是为了向大学生积极弘扬核心价值观，使接受教育的大学生能够正确辨别是非，进一步增强自身抵制种种不良价值观侵害的自觉性，做一个社会主义核心价值观践行者与培育者。

### 三、高校思想政治教育的目的

#### （一）促进人全面地、自由地发展

青年学生在不断接受教育之后，随着时间的变化慢慢成为国家栋梁之材，在此历程中，大学生思想政治教育像阳光雨露般滋养和塑造着新一代年轻人。大学生在成长过程中遇到的问题，依靠思想政治教育能够得到解决。

大学生思想政治教育能够满足大学生的成长需要，让大学生自由地实现做真实的自己，为培养大学生自身完善的道德品质和思想境界提供全方位充足的支持与帮助，实现自身人生价值追求。健康人格的培养在大学生思想政治教育中备受关注，引导大学生及时调整自己追求理想的方式方法，协助大学生合理地解决在生活学习中出现的一些烦恼和问题，能够使大学生顺应社会发展形势、适应国际

潮流，形成独特的思维模式，从而引导其传递一些优秀品质，如勇于担当、与人分享、乐于助人等，形成自己思考分析事物的方式。大学生在思想政治教育的培养下，能逐步关心社会热点问题，自己思考各种社会热点问题，客观理智地评价社会热点问题。良好心理素质的培养，使大学生能够独立工作于社会，同时具有独立处理困扰和问题的能力，能很快地适应社会中的生活与工作。通过思想政治教育的帮助，大学生能规范自身的行为，在处理社会生活中的问题时自如应对；在追求人生发展目标时，与自己在工作学习中的特点进行结合。总的来说，在人格塑造与人生发展中，思想政治教育本身发挥着十分重要的作用。

### （二）促进国家与社会发展

社会不断向前发展的推动力是青年人，社会发展的希望是青年人。大学生潜在的思考方式在思想政治教育过程中，通过不同途径被内化，形成符合社会前进规律的思想和道德。大学生在思考模式、思想状态、思考内容等方面，必须与社会发展所提倡的主流思想相符合，这样，大学生自身所具有的社会价值和人生价值才可以得到充分发挥。

在大学校园里建设社会主义核心价值观，让主流思想在师生群体中传递，才能使大学生的思想道德与社会主义核心价值体系具有一致性。社会主义理想在社会其他各个群体和广大师生之间是共通的，能够不断增强整个社会的凝聚力，思想政治教育能够满足大学生自身发展和社会发展的需要。衔接好青年一代自身发展和社会需求，才能在良性配合中产生推进社会发展前进的更大生产力。社会的发展与我们每个人的发展密切相关，个人自身的发展脱离不了社会的发展，社会的发展又是靠个人自身的发展去推动的。

如何使青年人群体更好地创造社会价值，促进社会和谐、有序、稳定发展？可以从大学生思想政治教育着手，培养青年人具备一定的政治素养，成为符合社会发展前进步伐的人，即促进人的自由全面发展。坚持思想政治教育，帮助大学生树立正确的政治立场和方向，提高大学生的政治素养，才能将当代大学生培养成具有优秀人格的青年人才，成为合格的社会主义青年学子。思想政治教育使大学生能够在理性思考之后作出正确的判断和选择，不断挖掘自身潜能，充分认识自己和认识世界，成为一名优秀公民。

每个准备进入社会的大学生，必须精确无误地找到自己在社会上的位置，认清楚自身所承担的社会责任和义务。这需要通过大学生思想政治教育实现一种良性循环，促进社会向前发展。

## 四、高校思想政治教育的方向

### （一）理论与社会实际相结合

大学生思想政治教育工作的对象是大学生，积极了解大学生的日常学习生活情况，通过理论联系实际的方法，进一步增强思想政治教育在大学生中的影响，才能取得良好效果。

理论与现实的联系，是高校学生思想政治教育工作中一个不可忽视的要素，结合新时代大学生的思想动态、学习生活方式等内容，为方便大学生的理解与接受，需要利用合理的教学方式开展高校大学生思想政治教育工作。

伴随着时代的发展，面向大学生的思想政治教育工作也应当与时俱进，逐渐抛却死板僵化的教条式教学方式，积极了解学生的兴趣，选择能激发其思维的方法，对大学生的生活和学习逐步进行渗透，对大学生思想进行润物细无声式的影响，尽量避免引起大学生的反感。对于教育者来说，要选择合适的教学方式开展高校思想政治教育理论知识的教学，以便切实解决大学生在人生与思想上面临的困难，引导大学生形成积极向上、健康美好的思想道德品质，提高政治素养。

大学生思想政治教育需要深入关注大学生实际生活，帮助大学生解决实际生活学习中的问题和疑惑，采取更加有效的方式与大学生进行沟通，有针对性地开展丰富的生活实践活动，或者开展形式多样的文化交流讲座，使他们更容易接受，进而起到指导性的帮助作用，最终帮助大学生全面健康地发展。大多数大学生的困惑在相应年龄段都会出现，但有时也会出现具有个人特色的一些疑问，这些问题就需要大学生思想政治教育针对个体差异，联系实际情况，分析鉴别困惑问题的性质，因材施教，对大学生的需求进行客观合理的分析，以达到最好的解决效果。大学生思想政治教育要求理论教育联系实际生活和学习，充分调动大学生的积极性和能动性，使大学生对思想政治教育理论的内涵和精神有更深刻的理解和把握，这样才能积极自主地调整自己的生活行为习惯和思考方式，正确选择未来人生方向，提高其人生观和价值观。

### （二）学校教育与家庭教育互相配合

家庭教育对一个人有着至关重要的作用，大学生的家庭教育直接影响到思想政治教育，两者相互配合、相互制约。大学生对社会、对人生的看法和观点会受到家庭成员的影响。家庭生活是一个人对社会最开始的认识，大学生从所在家庭的生活中看到的、学到的，对其行为习惯造成了深刻的影响。

学生在学校受到教育，逐渐成长为一个能够利用自己所学发挥优势并对社会有用的人才。大学生在学习的同时逐渐接触并了解到整个社会的发展情况，引发他们对周围人的一些观念的思考，结合在学校所学逐步形成自己的人生观、价值观。在学校多年的学习生活不仅让大学生学习到专业知识，同时还帮助他们形成了一种认识社会的方式，使其在进入社会之后能够客观地认识自己和他人，发挥所学特长，为自己正确定位，为自己的生活提供一定的物质保障，这一过程是大学生寻找人生方向和形成价值观的必然结果。

大学生思想政治教育引导大学生形成正确的政治观念和思想方法，提升思想政治觉悟，规范他们的言行举止，客观理性地分析生活面临的各种各样的问题。同时，大学生需要了解社会热点问题，关心国内外形势发展，关注国家大事，理解国家政策方针的用意，增加社会参与感和归属感，增强国家公民责任与义务的意识，热爱祖国，树立正确的价值观，拥有高尚的品格。大学生要想形成一个完整且正确的价值观，需要家庭教育和学校教育的通力合作、共同完成。二者可以帮助大学生直面在生活和学习中那些听到的、看到的、需要独自解决的问题，运用自己的智慧解决问题。

### （三）继承与发展相结合

高等学校对大学生的培养按照国家统一编写的、正规的教材课程开展，有具体的、明确的教育教学管理方案。大学生通过对思想政治教育和马克思主义理论方面的学习，能够深刻地掌握和真正地理解马克思主义的思想方法，只有系统地、高效率地学习理论知识，才能清楚明了地认识和了解社会主义；学习与中国国情相结合的社会主义理论体系的精华部分，才能在实际生活和学习中解决思想上的困惑与不解。

高等学校思想政治教育源于社会实践的理论思想、教育者们不断归纳总结之后得出的结论精华，并用社会发展中出现的新元素对原来的思想政治教育进行补充与完善。大学生思想政治教育吸取了以往一些行之有效的思想政治教育方法与手段，把社会的发展与学生思想的动态发展相关联，完善了大学生思想政治教育，保证了思想政治教育的先进性和导向性。

随着改革开放不断深化，马克思主义在我国受到思想多元化、文化多元化的影响并产生波动。在社会朝着多元化发展的情况下，我们要确保主流思想的地位，同时以一种开放的、积极的心态朝着世界多元化的方向发展。思想政治教育发展的根本是要坚持对马克思主义思想的学习，所以说，高校在对大学生进行思想政治教育的时候，需要积极引导、鼓励学生的思想进行多元化发展，培养学生的自主创新能力。

对于大学生的思想政治教育体系来说，若想要不被时代淘汰，始终保有旺盛的生命力，就需要与时俱进，不断根据现实情况进行大学生思想政治教育的改革发展与创新。

大学生思想政治教育有一个科学的教育体系，通过对发展过程中获得的经验与教训进行总结，最终得到了开展思想政治教育工作的部分规律与特征，由此彰显出其中的科学性。在高校开展大学生思想政治教育工作必须遵循其客观规律，才能提高思想政治教育工作的实效性。大学生思想政治教育工作从实际出发，依靠借鉴并总结经验，对思想政治教育的方式方法进行不断调整，直到适合大学生教育为止，高校的教育环境只有真正使大学生自由全面发展，才能较好地完成给国家输送高质量、高素质人才的任务。

# 第三节　网络时代对思政教育教学的影响

## 一、网络环境影响思政教育中受教育者的方式

一般而言，受教育者受到思想政治教育网络环境的影响，主要通过以下三种方式实现。首先是相互影响，其次是强化影响，最后是潜移默化影响。

## （一）相互影响

网络环境有着全球性、开放性等特点，对于受教育者来说，自身的行为与思想都会受到很大程度的影响。网络信息纷繁复杂、数量众多，在获取上十分方便快速，由此，进一步提升了思想政治教育的资源储备，也有效拓宽了受教育者的眼界与思路，使受教育者的学习与生活质量得到改善。但是需要我们注意的是，网络环境十分复杂，其中各种信息鱼龙混杂，既有负面的，也有正面的，在一定程度上对受教育者的观念与行为产生了影响，甚至还进一步加大了受教育者对信息选择的困难程度。此外，受教育者所具备的信息素质水平对于网络环境的良性发展有着一定程度上的促进作用。

## （二）强化影响

对于受教育者来说，网络环境主要通过信息加以影响，所以可以看作是信息强化影响。一般而言，主要通过以下四种方式完成网络信息的强化。第一种是形象化强化，利用各种多媒体手段，使要表达的信息更具趣味性，由此产生了很好的视听效应，提高了感应力，增强了吸引力。这种信息强化影响，具有一定的规律性和特点；第二种为诱导性强化，选择一些有着较强吸引力的背景，或者挑选那些在社会较为知名的人，通过言简意赅或者幽默风趣的语言，使受众产生一种轻松愉悦的心理状态，进而引起情感共鸣，实现诱导强化；第三种为综合性强化，围绕着某一个新闻或者消息，采用多种多样的信息手段与途径予以加强，最终形成全面的影响效应，或者说是强大的舆论攻势；第四种为持续性增强，运用网络高效化、即时性、广容性等特征，将某一项内容进行重复的宣传，最终产生持续性影响。

## （三）潜移默化影响

思想政治教育网络环境有着有趣且形象生动的特点，其中以信息环境、娱乐环境最佳，极容易导致受教育者难以自拔，受到影响。值得注意的是，这种影响是潜移默化的，且既有正面的影响，也有负面的影响。若是好的影响就能够更好地提升思想政治教育活动的效率与质量，并让受教育者得到持续的激励与陶冶，日积月累地推动受教育者前进和健康发展。

## 二、网络环境影响思政教育中受教育者的特点

### （一）多重性

网络环境不断变化，其中存在的各种信息纷繁复杂、良莠不齐，这些信息会对受教育者的思想与行为产生一定程度的影响，而且不同的受教育者在面对网络环境与信息的选择时并不一致。比如部分受教育者能够坚定内心，在面对复杂多变的网络环境时，保持网络道德，自律意识也很强，能够积极吸取正面有用的网络信息，选择一个健康上进的网络环境，由此有效克服了不良网络信息和网络环境所带来的冲击，取得了较好教育效果。也有一些受教育者则接受了负面信息的影响。因此，在同一片网络环境下的受教育者，受到的影响是不同的。

### （二）即时高效性

网络储存信息与传递信息的速度非常快，并且这些信息并不会受到过多的限制，可以在很短的时间内就被送到受教育者眼前，还能够为人们提供经济便捷的服务，如电子邮件、文件传输、微信聊天等。值得注意的是，因为网络本身的速度十分快，所以受教育者的学习效率与生活质量也得到了一定程度的提高。

### （三）渗透性

网络环境能够悄无声息地影响受教育者，所以我们能够明显发现网络环境本身有着渗透性。若要进行渗透，需要纷繁复杂的网络环境，以及形象、直观的网络信息。在这一条件下，受教育者既可以主动接受信息，也可以被动地接受信息。

## 三、网络环境对思政教育中受教育者的影响表现

网络环境的存在对受教育者产生了两方面的影响，分别是积极性的影响与消极性的影响，这两种影响交替并存。

网络环境的存在有效提升了受教育者的综合素质。网络环境信息众多，对于受教育者来说可以有更多的机会获取知识，调整自身知识结构，并且还能够跨越时间与空间的限制，与共同好友进行交流与讨论。双方可以借助网络便捷地分享自己感兴趣的电子期刊、图书，或者是自己的一些新奇想法等。这些大大丰富了受教育者的精神生活，提高了他们的生活质量，拓宽了受教育者的视野，活跃了

受教育者的思想，同时，对受教育者的科学文化素质尤其是计算机知识和网络技能提出了新的要求。网络的发展，掀起了全民学习计算机的热潮，推动了计算机与网络信息技术教育的普及，提高了受教育者的科技素质和信息意识，诞生了现代教育工作者的观念，加强了教育工作者促进社会信息化进程的紧迫感和责任感。在一定程度上，网络环境的开放性和全球性、信息的丰富性，不仅让受教育者了解社会、了解世界，而且为他们创造了一个自主创新的空间。

网络环境提高了受教育者的主体性和自我教育能力。网络环境为受教育者创设了一个可以自由探索的世界。它的自由交互性，一方面使受教育者充分发挥自己的创造性、参与性和探索精神，培养其自信心和创造力，网络中虚拟的社会生活情境也使受教育者的主体意识增强，为其进行种种价值选择实验提供虚拟体验，使他们在现实生活环境中更谨慎地进行价值选择，并对自己的行为负责；另一方面，使受教育者既可以自由选择信息也可以创造传播信息，而自由选择的主动性对受教育者的道德行为提出了更高的要求。在任何时代，个人的道德行为都不只是个人的事，在网络环境中，各种各样的信息传播起来更容易，个人的不道德行为对现实环境产生的消极影响会增大。网络环境的虚拟性、网络行为的高度隐蔽性和匿名性要求受教育者必须具有更高的心理和道德的可靠性、自觉性，这对于提高受教育者的自我教育能力很有帮助。

网络环境的存在能够有效实现所有受教育者终身学习的梦想。受教育者在网络环境中进行学习的时候不再受到传统课堂教学的限制，能够以一种更加多元化的方式学习知识。网络扩展了教育者和受教育者之间以及受教育者相互之间的交流空间，受教育者学到了传统课堂里学不到的东西。他们随时可以调出网上极为丰富的信息，可以不受地域、时间等条件的限制聆听某一教育家的讲座，也可以通过网络参与学术讨论，从而使互动式学习成为可能。网络改变了传统教育的被动式教学方式，从根本上实现了教育平等，任何受教育者或社会成员都可以进入到网络世界，去选择和获取新知，使教育由学校扩展到家庭、社区、农村和任何网络普及的地域，提高教育社会化程度，同时，受教育者还可以根据自身在不同时期的不同需要，通过上网有目的、有计划地进行学习。这种学习不仅可以存在于学校或类似机构中，而且可以出现在办公室、娱乐场所、家庭和社会活动中，促使"学习即生活"的理想变为现实，帮助受教育者把生活的学习化作为一种生活状态，有利于促进学习社会化和学习终身化。

# 第三章　网络时代高校思政理论课教学

网络技术和新媒体的迅速发展，对高校思想政治理论课的教学产生了一定的影响。本章内容为网络时代高校思政理论课教学，主要分析了网络时代高校思政理论课教学的现状、网络时代高校思政理论课教学的重要性以及网络时代高校思政理论课的教学体系。

## 第一节　网络时代高校思政理论课教学的现状

### 一、网络时代高校思政理论课教学的机遇

在当今互联网技术发展迅速的时期，高校的思政理论课程自然也免不了要受到外界大环境的影响，面临众多挑战与机遇。思想政治课程在我国高校构建马克思主义意识形态话语体系的过程中发挥了关键作用，是其中主要的一条发展渠道。在现如今的新媒体时代，高校思政课所遇到的机遇可以大致概括如下：

首先，网络新媒体形式层出不穷，它们所具备的快速、海量和交互的特征为高校的思政课教育打开了一扇新的大门，为其创新发展提供了新的思路和平台，如微课、慕课、在线课堂等形式都在高校的思政课堂上焕发出了新的生机。

其次，在当今的网络新媒体环境中，其中所存在的每个个体既是信息的接受者，也是信息的发出者和使用者，同时也在无形中推动了媒体的接续发展，创造了新的媒体教学形式。由此，我们也可以说，教学主客体在教学实践过程中是扮演了双重角色的。

另外，信息技术变革的速度之快，也为高校思政教育的改革创新拓宽了思路，不仅体现在教学形式和学习、生活方式等层面上，同时也让学生回归到教学活动的主体形态，这是一种很大的转变，是一种积极向上的转变。

最后，高校大学生因为自身所具有的一系列特点，他们极易受到新媒体环境的影响，这些设备和技术也很容易吸引他们的注意力，将新媒体设备作为载体，可以将知识、价值观，甚至是情感等要素渗透到日常的教学活动中，在无形中提升他们的政治、媒体素养和科学文化水平，让他们认识到红色教育的重要性。

## 二、网络时代高校思政理论课教学的挑战

马克思曾经在其所著的《德意志意识形态》中提到："人创造环境，同样，环境也创造人。"①而在当今的网络大环境下，学生们的思想行为方式已经与以往产生了巨大的差异，由此看来，互联网在为高校思政教育带来机遇的同时，也带来了不小的挑战。

### （一）对封闭僵化教学内容的冲击

在新媒体时代下，大学生获取知识和信息的途径不再仅仅是书本、报刊或广播等传统的传播媒介，信息获取渠道被拓宽，人们所接收到的信息量与以往相比一下增加了数十倍，同时获取信息也变得更加快捷和方便。显然，学生通过网络可以获取到有关思政课堂的一大部分教学内容，由此等到线下课堂时，学生听到已经看过的知识，不免就会产生疲倦感和懈怠感，这对于思政教育而言是十分不利的。与此同时，因为信息数量的迅速增加，学生们的思想也变得更为活跃，可以迅速接收到来自世界各国的各方面信息，因而自己的视野也随之被拓宽，不仅关注社会问题，同时也在关注与自身未来成长和发展有关的内容，注重将理论知识、思想动态与社会实践结合起来。由此看来，在新媒体时代下，思政课要以何种面貌去面对思想活跃的大学生们，成为目前我们亟待解决的问题之一。

### （二）对分散独立式教学机制的质疑

在传统的教学模式中，高校思政课的各个教学环节是相互独立的，如教学管理和教学评价等，这其实从某种程度上对思政课的精细化管理是有帮助的。但是随着网络时代的到来，各式各样的新媒体逐渐充斥了人们的生活，而思政课也将这种新技术应用到了教学实践中，由此在学生的管理方面就遇到了困难，他们的思想动态、课堂表现情况、学习积极性等难以被及时掌握，同时这些因素也影响

---

① 马克思，恩格斯. 德意志意识形态 [M]. 北京：人民出版社，2018.

着最后的教学评价环节，这就要求在教学活动的进行过程中，要及时与学生处、辅导员或思政教师等机构或相关人员进行沟通，共享信息，最终形成集教学管理、运行、评价为一体的综合教学机制。

# 第二节　网络时代高校思政理论课教学的重要性

## 一、思想政治理论课的功能

高校设置思想政治理论课，对大学生进行系统的思想政治理论教育，具有广泛而深远的战略意义，应认清它的功能定位。

### （一）个体功能

众所周知，高校思想政治教育是每一位大学生的必修课，在高校的学科体系中占据着重要地位，由此这门课程必然会对学生的思想、行为方式等产生一定的影响，这也是高校思政理论课程个体功能的一种表现。其实，从本质上来说，个体功能是从微观的角度来看的，思政教育课程对于学生个体产生或多或少的影响和作用，主要可以表现在以下三个方面。

#### 1.意识形态

其实，从本质上看，人就是一切社会关系的总和。通过观察漫长的人类发展史我们可以发现，人的存在是离不开社会环境的，二者相互依存，人存在于社会关系中。毫无疑问，只要有社会关系存在，社会规范就必然存在，如政治规范、法律规范和道德规范等。如果从上层建筑的角度来看，这些规范最终构成了社会中的各种意识形态。而从人的角度来说，如果人要成为一个真正的"社会人"，真正融入社会，就要遵守社会规范，这样才有可能最终实现自我价值。那么，对于大学生而言，他们了解社会规范、融入社会最便捷的途径就是高校所开设的思想政治理论课程。也正是因为这样，作为我国上层建筑中的一个重要组成部分，高校思政课是呈现出鲜明的意识形态特征的，而这种意识形态性也是该理论课程的最基本维度，其功能主要可以体现在以下三部分内容：

（1）政治导向功能

高校思政课必须将引导政治思想的责任担在肩上，在思政理论课堂上为学生传授有关马克思主义的理论知识，宣传意识形态和相关的方针政策，激发学生的学习热情，使其最终形成较为稳定和牢固的政治原则和政治意识，树立起社会主义的共同理想和坚定信念。

（2）道德培育功能

道德培育功能，就是帮助每一位学生树立正确的价值观、道德理念以及内在的行为准则。虽然从外在层面上看，这些规范和原则仿佛是在束缚我们的生活、思想和行为，但也正是因为有这些约束性的政策存在，个体才能够在社会中免于遭受一些灾难，能够长久生活下去，最终才能形成高尚的道德品质，才能成为为社会发展做出贡献的高素质人才。由此，高校的思政理论课必须要完成国家和社会寄予的殷切期望，对大学生进行道德培育。第一，从价值观层面对大学生进行道德引导，在理论层面教会学生明辨是非，选择正确的道德价值。第二，要为学生灌输正确的道德观念，让学生通过理论课程的学习后可以熟练掌握相关的道德规范准则。第三，对学生进行人格方面的塑造，对学生的未来成长和发展造成影响。换句话说，就是使学生的行为不仅符合道德规范，同时其内部含有一定的道德精神和品性。第四，从能力方面对学生的道德进行培养，使学生在历史洪流中能够适应不间断的变化，让他们就算在日后离开了学校和教师的指导，也是能够按照道德准则进行正确判断的。

（3）爱国主义教育功能

爱国主义是与社会主义和中国共产党紧密联系在一起的。在维护民族团结和祖国统一方面，爱国主义在其中发挥了重要作用，是我国构成和谐社会、全面建成小康社会过程中的共同精神力量。

高校思政理论课程要引导大学生能够在未来的实践过程中，具有从时代和社会中汲取知识和营养的能力，能够将爱国、爱党、爱社会主义三者有机统一起来。

2. 能力提升

学习历史唯物主义，学生就能够从科学和历史的角度正确认识社会发展的规律，能够将自我需要与社会和自身发展需要结合起来，继而找到自己的准确定位；学习唯物辩证法，可以帮助学生提升自身分析和解决问题的能力。由此看来，在这样的理论熏陶下，学生就会具有适应社会变化的能力，能够在社会实践过程中完成自身发展，找到自我存在的价值。与此同时，通过学习马克思主义理论方面的内容，学生可以将自己的主观能动性发挥出来，自身的创新性思想也能够得到激发。

### 3.人格塑造

高校的思政理论课堂主要是对学生进行人格的再塑造，帮助他们认识到什么是正确的观念和价值观，帮助他们修身养性。具体而言，就是加强大学生在情感、精神、境界、人性等方面的教育，让他们学会在逆境中成长、在逆境中前行，懂得分享、懂得奉献、懂得感恩、学会坚持、理解责任，将这些意志品质都内化成自己品格中重要的组成部分，这样才能最终形成适应社会主义社会的人性和心理结构。

## （二）社会功能

高校思想政治教育课程，从微观角度来说会对学生的个体成长产生影响，同时在宏观层面上也会促进社会的发展，大体来说，高校思政理论课会对社会的经济、文化和政治等诸多方面产生影响，这就是其社会功能的表现。但是，我们发现思政课程的这一功能其实经常被忽视，这是因为人们对于课程的认识程度还不够深，认为这仅仅是一门为大学生服务的课程，主要目的就是提升大学生的政治和文化素养，引导他们形成正确的价值观和道德观，这都是基于学生层面的认识，没有将眼光放在社会层面上去考虑。由此看来，这种较为片面的认识就会导致思政课程无法受到人们的重视，课程的社会功能也就自然无法得到充分发挥。因而，我们必须要拓宽自己的视野，站在宏观角度上去重新认识这门课程。

### 1.推动生产力发展

从经济方面来看，高校的思政课程可以在一定程度上推动社会生产力的发展，但是这种助推作用不是直接实现的，而是通过"人"去间接推动的。如果按照马克思的观点，社会发展的最终决定性力量就是生产力，由此可见生产力的重要性。一般来说，生产力主要包括三方面内容，分别为劳动资料、劳动者和劳动对象，其中唯一具有能动作用的就是"人"，也就是劳动者，而直接决定生产力发展水平的则是劳动者的素质。由此看来，要想提升社会的生产力，可以首先从"人"

的方面入手。我们普遍认为，劳动者的素质同样包含三方面内容：科学文化素质、思想道德素质和劳动技能素质，其中占据核心地位的自然是思想道德素质，因为它直接决定的是人本身的工作和学习态度，是人的意识形态。毫无疑问，一个思想道德素质不达标的人是无法做出对社会有益的贡献的，甚至可能会危害正常的社会生产秩序。而相反，如果一个人拥有较高的思想道德素质，同时也具有较高的劳动技能素质和科学文化素质，那么这个人将会对推动社会生产力发展做出巨大贡献。显然，我们上述所提到的几方面素质都是可以通过学习高校思政理论课程来获得提升的。例如，通过在课堂上对学生进行政治和思想方面的引导，培育学生的爱国主义情怀，学生的思想道德素质就会提升，进而就会使学生拥有健全的人格。除此之外，思政教育对于学生综合素质的提升也是十分有益的，而这可以使学生的劳动技能和科学文化素质都得到提升。大学生通过学习相关的理论课程是可以获得实实在在的提高的，最能将这种"提高"真切体现出来的就是社会生产力的提升，而这种提升是由高素质的人才来推动和完成的。

2. 促进社会稳定，有利于社会和谐

从政治方面来看，高校的思政教育课程对于推动社会和谐稳定发展是具有积极作用的。众所周知，我国正处于构建社会主义和谐社会、实现社会主义现代化的关键时期，尤其重要的是要维护社会的稳定和和谐。而现在的大学生作为社会群众中受教育程度较高、思想较为活跃的中坚群体，未来将会在参与国际竞争中承担重要任务，由此他们的政治倾向和道德观念是十分重要的，这关系到我们国家的未来，关系到未来社会的稳定。而高校思政理论课程就是主要对大学生进行思想方面的教育，在无形中增强学生对于国家、对于社会、对于社会主义制度的认同感，产生浓厚的爱国主义情怀，同时学生明辨是非的能力也会提高，他们就可以判断道德和思想观念的是非，这就为社会主义社会的建设培养出了一批又一批的接班人和建设者，自然就会促进社会的和谐稳定。

3. 促进社会主义文化的传承与发展

从社会主义文化的传承角度来看，高校思政教育理论课同样发挥了不可替代的作用。

第一，高校思想政治教育课程是社会主义核心价值体系建设的主阵地。习近平主席曾经在十九大报告中提到过，只有坚定文化自信，才能推动社会主义文化的繁荣，没有文化自信，自然就无法实现中华民族的伟大复兴。因而，要坚持走中国特色社会主义文化道路，只有这样才能将民众们的文化创新活力激发出来，才能建设成为文化强国①。也正是因为这样，才要在国民教育体系中加入社会主义核心价值观的重要内容。众所周知，大学生群体在未来要成为社会主义事业的接班人，他们的思想动态发展和道德观念等自然会影响到我国未来发展的走向，关系到未来我国的社会主义事业，因而，他们成为社会主义核心价值体系教育的重点关注对象。虽说进行社会主义核心价值体系教育的渠道有很多，但其中只有思政教育理论课程能够把众多大学生集中起来，集体进行系统而深入的思想道德教育；只有思政教育理论课程能够将众多优秀讲师集中起来，从理论层面深入研究社会主义的核心价值体系，并在课堂上传播相关的理论知识，引导大学生群体树立正确的价值观念和政治导向。由此，我们就可以很清晰地认识到高校思政理论课程在社会主义核心价值体系建设过程中所发挥的关键作用。

第二，不仅是道德观念和准则，高校思政理论课同样在弘扬中华民族优秀文化和凝聚民族精神方面也发挥了功不可没的作用。大学生群体在国家社会主义核心价值体系建设中所扮演的角色是至关重要的，他们影响着整个国家的未来走向和民族兴衰。众所周知，要想实现民族精神的凝聚，民族文化是必不可少的，由此就要求各大高校在开展思政教育课程时，在其中加入有关民族文化的相关内容。例如，我们可以在"中国近现代史纲要""思想道德修养与法律基础"和"马克思主义基本原理概论"中的哲学部分适当加入一些有关民族文化的内容，以此为基础帮助学生树立民族精神。

## 二、思想政治理论课程的重要意义

众所周知，思政理论课程在高校的学科体系建设中是占据十分重要的地位的，这是所有踏入大学校门的学生都必须要学习的一门课程，因为它对于学生的成长成才起着非常关键的作用。而思政课程设计的优劣程度则决定了我国高校是否能够培养出合格的高素质人才，决定了这样的人才是否能够担负起推动我国社会主义建设的重任。因此，加强高校思政理论课程教育教学是具有十分重要的意义的。

第一，加强高校思政课程的建设，可以在一定程度上帮助学生认清该课程与

---

① 董金明. 中国系列丛书 大国航路 [M]. 上海：上海教育出版社，2019.

其他专业学科课程之间的关系，认识到高校思政课程的教育价值，激发出学生们学习思政理论知识的自主积极性。在学校的素质教育过程中，高校的思政理论课程往往被看成是一个十分关键的影响因素。在学界中，甚至还有人将"智育、体育、德育"与现代化工厂中的生产线联系起来：如果智育或体育搞不好顶多是出次品和废品，而如果德育过程中出现了问题，就会出现危险品。虽然这一比喻有失偏颇，但也体现出了高校思政教育的重要程度，而思政课程在其中所扮演的角色自然是最为关键的。

第二，我国自20世纪90年代开始，就将素质教育放在了国家教育体系中十分重要的一个位置上。大学生是祖国的栋梁，是社会中的一个特殊群体，他们往往具有较高的文化水平，他们之中未来会有来自各行各业的优秀人才，他们将会为国家的社会主义现代化建设做出突出贡献。从他们走出学校这座象牙塔，真正步入社会的那一刻开始，他们未来的选择如何，如何为国家和民族的未来做贡献，这些的决定权都掌握在他们手中，而影响这些决定的关键因素，就是他们自身的知识积累和道德品行。这些素质和道德关系的形成与塑造的关键时期就是在大学，由此看来，高校思政理论课程在其中自然也是发挥了举足轻重的作用。一般来说，我们可以将大学生的素质结构分为三部分，分别为身心健康素质、思想政治素质和科学文化素质。而我们经常所说的大学生全面发展就是指的这些方面的素质都能够得到提升，其中思想政治素质是最为核心的部分，剩余二者的发展和提升都是要建立在学生思想道德素质提升的基础上的。由此看来，我们要关注的就是人本身思想道德素质的提升，之后才有可能提升其他二者的素质。处于高校中的学生们在学习专业上有差异，自然在学习课程上也会有所不同，而主要可以体现他们专业差别的就是他们对于专业课程的学习和能力的提升与培养上，但不论他们在专业上的差异如何，其实都有一个要学习的交叉课程，那就是思想政治教育课程，它是以教授社会主义思想和马克思主义理论为基础的一门学科，是所有学生在大学生涯中必须要学习的。这一课程主要是帮助学生掌握基本的马克思主义理论方法，让他们能够对人类社会的发展规律有基本了解，并可以将其内化到自己的道德规范和原则之中，以此来塑造正确的世界观、价值观和人生观，最终成为能够为中国社会主义现代化建设添砖加瓦的高素质人才。

总而言之，高校思政理论课程不仅可以帮助学生认识和了解到应该掌握的基本理论知识，还有助于学生的全方位发展，使其能够认识到该学科与其他专业学科之间的区别和联系，认识到社会发展规律和人才成长规律，最后构建完善的知识体系，成为一名合格的社会主义现代化建设接班人。

# 第三节　网络时代高校思政理论课的教学体系

## 一、网络时代思政理论课教学的不足

### （一）思想认识上不重视新媒体教学

在新媒体网络时代，各种媒介形式层出不穷，这也为高校思政理论课堂的创新提供了空间和发展机遇。那么，在当今时代，高校思政教育如何正确认识新媒体就成为一个关键问题，教师要如何运用新媒体技术才能取得更好的教学效果，这是值得思考的。但是，其中有部分教师很难适应新时代下的新媒体教学形式和模式，这就对高校思政理论课的改革创新造成了困难。

### （二）激励制度的缺失

在网络时代，高校的新媒体教学呈现出非常显著的交互式学习特征，同时学习也都是在大量资源的基础上进行的，这些教学方式的改变对于高校思政教师而言无疑是一项十分艰巨的任务，也是一项艰难的挑战。由此，为了保证高校学科建设的顺利进行，学校方面可以对教师队伍施行一定的奖励策略，以激励他们以更大的热情投入到工作中。

## 二、网络时代构建高校思政理论课教学体系的策略

现阶段的大学生往往对于传统的教学方式提不起兴趣，更喜欢去接受新鲜事物，也就要求高校的思政教师要时刻关注时代发展潮流的变化，从新媒体层面对教学课堂进行改革。

众所周知，高校的思想政治理论课堂在社会中所承担的是立德树人的职责，它主要是为社会主义现代化建设培养领导者和接班人，不断为国家输送德智体美

劳全面发展的高素质人才。由此，学界针对高校思政理论课如何将"立德树人"的这一功能发挥出来展开了探讨，这对于高校思政教师的教学改革而言起了很好的推进作用。

### （一）明确思想政治理论课的课程定位

我们首先要明确高校思想政治理论课程的定位在哪里，应该主要从育人目标和我国的社会制度两方面来把握。从我国制定的社会主义办学方向和最根本的立德树人的教育任务来看，我国高校思政理论课程应当具有鲜明的意识形态特征，具有立德树人的根本政治方向和价值导向。最初高校思想政治理论课程的设置目的就是通过向学生群体传授马克思主义的理论知识和我们国家、党制定的方针政策来坚定他们的思维导向和政治原则，引导他们树立起正确的世界观、价值观和人生观，让他们坚定维护祖国统一、建设中国特色社会主义道路的共同理想。从本质上来看，高校思政课具有鲜明的思想意识形态和为人民服务的功能，单从这两点来看，就是其他学科和专业所无法比拟的。其中，鲜明的意识形态特征一直被看作是高校完成立德树人任务的关键推动因素，而思政课程的学习也是完成任务中的重要一环，其承担的是为国家、为社会、为党输送高素质、全方位人才的重任。因为，思想政治理论课程一直在培养学生理想信念和远大理想方面发挥了关键作用，而主要的实施方式就是通过讲授有关马克思主义中国化的理论和实践成果，使学生真切感受到党和国家所做的伟大决策，为他们树立远大理想和信念奠定了坚实基础，同时该课程所背负的重要使命也使其必须不断改革创新，紧跟时代潮流。国家主席习近平曾于 2019 年 3 月召开有关高校思政课教师的座谈会，他在会议上指出，思想政治理论课是学校落实立德树人根本任务的"关键课程"[①]，这也进一步明确了思想政治理论课的课程定位和重大作用。由此，我们可以清楚地知道，高校思政课对于理论和方法、逻辑层面的知识更为看重，它不仅兼顾了自身知识所具有的专业性、科学性和思想性，同时也体现出了鲜明的政治性。所谓课程的政治性，主要是根据其在高校的整体学科体系中所发挥的功能和占据的地位来决定的。

我们在研究高校教育教学过程中，经常会提到"课程思政"这一概念，这其

---

① 中国共产党新闻网.理直气壮办好思政课 [EB/OL]. （2019-04-10）[2023-1-12].http://theory.people.com.cn/GB/n1/2019/0410/c40531-31021415.html?ivk_sa=1024320u.

实主要指的就是除自身专门从事思政教育工作的思政课程外，通过专业课堂的学习来实现学校在思想政治层面所制定的目标。通常来说，高校思政课主要是专门服务于专业的思想政治教育，这与其他仅在隐性层面承担思政教育功能的专业学科还是有很大不同的，它主要是通过显性的方式来发挥思想政治教育功能，进而达到明确的意识形态目的，也就是说直接为学生传授马克思主义和中国特色社会主义方面的理论知识，以达到思政教育的目的。众所周知，我国高校的思政课具有鲜明的意识形态特点和政治色彩，其中反映出我国独具特色的主流意识形态和价值观念，同时也在一定程度上体现了高校为完成马克思主义理论教育，加强主流意识形态建设工作的主要措施和途径，在传播马克思主义和中国特色社会主义理念方面做出巨大贡献。对于学生的发展和成才而言，高校思政理论课程存在的目的就是树立广大未来社会主义建设接班人的政治理想，帮助他们认清自己在社会中所处的地位和所扮演的角色，能够最终通过理论课程的学习树立起共产主义和中国特色社会主义的伟大理想，促使他们能够积极将自己所学习到的理论知识应用到实践中去，为中华民族伟大复兴贡献出自己的一份力量。

对于高校思政理论课的教师而言，他们主要是通过讲授我们平常常说的信念、信心等背后的观点和含义，让学生意识到掌握马克思主义理论知识和思想观点的重要性，以此来树立正确的政治观念、价值理念和远大理想，不至于在政治道路上走偏。中共中央、国务院曾在 2004 年 10 月颁布过《关于进一步加强和改进大学生思想政治教育的意见》（以下简称《意见》），其中就对高校思政理论课的功能和角色定位作出了明确规定，指出这门课程是学生们在大学生涯中的一门必修课，在课程中要将立德树人的根本要求体现出来，以充分发挥出思想政治教育的根本功能，帮助学生建构其正确的世界观、人生观和价值观。[①]从《意见》中，我们可以明确认识到国家对于高校思政教育体系建设的具体要求，而各大高校基于此设置了相关的教学课程，如"毛泽东思想和中国特色社会主义理论体系概论""中国近现代史纲要""马克思主义基本原理"和"形势与政策"等，与此同时，还有自党的十八大建设以来，全国各大重点马克思主义学院所率先开设的"习近平新时代中国特色社会主义思想概论"等课程。正是这些课程和这些理论教师共同承担起了帮助学生成长成才的使命和重任。举例来说，"马克思主义基本原

---

① 刘建军. 寻找思想政治教育的独特视角 [M]. 北京：中国人民大学出版社，2016.

理"的主要课程目标是通过系统的方式将马克思主义的基本形成过程和原理讲授给学生，帮助学生认识和了解马克思主义的鲜明特征和在当代的应用价值，为学生在未来树立理想信念和远大理想打下坚实基础；"中国近现代史纲要"课程主要是从唯物史观的角度来看中国近现代的发展历程，其中包括中国抵抗外来侵略、追求民族复兴的奋斗历史，也在学习过程中帮助学生树立了正确的历史观念，使其能够了解中国目前的国情，体悟马克思主义在中国发展过程和民族复兴过程中所发挥的作用，了解中国共产党成为执政党和走中国特色社会主义道路的必然原因；"形势与政策"课程主要针对的是当前国内外的形势及发展变化、国际关系及国际热点事件，帮助学生在现实中领悟国情、民意，体会我国方针政策的优越性，将对当前形势政策的认识统一到对国家的判断和认识上，以此形成正确的世界观、人生观和价值观；"习近平新时代中国特色社会主义思想概论"课程设立的主要目标是帮助学生深入领会习近平新时代中国特色社会主义思想内涵所在和具体的实践要求，旨在通过课程学习帮助学生坚定"四个意识"和"四个自信"，并且能够做到"两个维护"。

总而言之，高校的思政课就是主要通过马克思主义理论来教育和影响学生的思想观念、行为方式和道德思想，换言之，这种多层次的课程体系也能够帮助学生从多方面认识、了解和接受中国特色社会主义思想，能够形成符合时代、国家和社会需求的价值、理想和道德观念，能够树立正确的世界观、人生观和价值观。除此之外，思政理论课程还是将"为人民服务"放在重要位置上的一门充满民族情怀的学科，通过理论的教学能够指导学生树立正确的民族观念，做到心系人民并扎根于人民之中。而人民情怀也正是树立共同理想和远大理想的根基所在。如果从人的发展角度来说，高校思政理论课程主要是通过理论教学的方式，希望能够达到触动人心灵的目的，能够实际促进学生将马克思主义理论和社会主义理论知识运用到现实社会实践中，在不断的经验积累过程中实现在思想意识、政治素质和心理认知等层面的提升和获得更深层次的感悟，让学生通过对这门课程的学习最终获得的不仅是知识和技能，还有身为社会主义建设接班人的责任意识和关注世界社会发展中人间苦难的情怀。毫无疑问，如果一个人的思想观念与实际的社会发展情况已经发生了脱节，那么就必然会导致思想向腐朽方面发展，只有那些可以囊括绝大部分人的思想观念，才能够抵挡住外界的诱惑，它不是暂时的激情，而是能长久持续下去的。马克思主义就是站在无产阶级的角度上，心系未来社会发展和人类进步，积极寻找人类解放的一门科学，尤其是对于高校思政课而言，它更是一类能够重视社会现实问题、关注人类发展生存状态和价值观念的学科。

对于学生而言，如果高校思政理论课程中的知识都是虚无缥缈的，是不存在的"乌托邦"式理想，是脱离现实实际的抽象理论，那么不论经过多长时间也是无法获得学生认同的。而实际上，思政课程是一门始终联系社会实际，能够激发学生大众对于社会和人民关怀的一门学科，充满了人文情怀和对于正确价值观念的引导，是与学生未来发展密不可分的，同时这种人文情怀应当贯穿于课程始终，是对于学生的成长成才具有现实意义和长远价值的。除此之外，高校的思政理论课还能够帮助学生认清自我，有意识地去关注在社会上、世界上所发生的重大事件和热点事件，使学生会积极思考自己与社会的存在关系，能够在深入思考的过程中获得进步和发展，始终以人民情怀为课程基础，引导学生理解马克思一直为之奋斗的解放目标和我们党改变社会现实具有的阶级性，从而形成社会主义和共产主义的共同理想，并能一直为之奋斗和努力。

### （二）把握思想政治理论课的教材主题

我们在清楚高校思政理论课程的具体定位后，就应当思考下一个问题，那就是思政理论课程的内容究竟是什么，换句话说就是在"讲什么"，我们应该对这一问题进行深刻思考和广泛讨论。首先，高校思政理论课程的教学形式是要有理论教材作支撑的，将教材中的内容作为开展教学活动的基本遵循点，由此，这就要求教师不仅要从文字层面掌握书本的知识体系，还要深入到文字其中，理解文字背后的深刻内涵和价值理念，同时再结合当今社会上发生的热点事件对教学内容进行"再创造"，拓展思政课的实质性内容。

显而易见，思想政治教育理论课程自然涉及的问题都是与思想政治有关的，因而对于这些问题的探讨应该始终围绕事先所设定好的教学框架和教学内容展开，以教材的主题为基础来开展后续的教学活动。而教师可以站上讲台讲授的前提是他们要十分熟悉教材内容和教学框架，教学思路严谨，具备掌握教材知识的能力。虽然从教材的编写和形式的表达上来看，现在的教材要满足师生的需求还是有一些困难的，但从"讲什么"的角度来说，目前国内所选编的教材已经足够清楚阐述教学内容了，从知识体系上来说也已经较为完备了。从教师的角度来说，他们应当具备通过对教材内容的掌握来控制整体的教学节奏和教学主题的能力，但是因为大学思政教材的种类比较多样，所涵盖的层次和范围也有所不同，因此这在一定程度上对教师来说是一种挑战。除此之外，还有一点需要注意的是，要将教材上的主题从文字转化成课堂上所讲授的语言，还需要经历从教材体系向教学体系转化的过程，这个过程是具有创造性和阐述性特征的。那么，究竟高校思想政治理论课的教师该如何正确理解和把握教材上的内容呢？大体上，我们对于教材的把握可以主要集中在两点：首先，把握本身知识层面上的重难点，其次将知识背后所蕴含的价值观念和道德思想体现出来，这样既可以做到掌握了知识本身，又能向学生传授一些除知识以外处理问题的方式方法，在牢牢把握住这两点的基础上形成对教材整体的把控。无论是思想政治教育课程或是其他的专业课程，要想将其中的全部内容编写进教材中，显然是不现实的，因为准确来说，任何一门课程都是开放的，都是在现代社会中有无限的发展空间的。但是，知识体系本身所具有的开放性针对的应当是核心和基础性的知识，然后再根据发散性理解进行体系的扩充，而教材所提供的就是其中那部分不容消解的知识"硬核"。我们所说的"理解教材"归根结底就是把握住其中的硬核，将教材中的核心内容进行准确理解和完整呈现。而且，我们需要注意到思政课堂上所讲的内容与教师应当掌握的客观知识并不是完全重合的，课程本身的开放性决定了教师既要具备掌握和理解教材的能力，又要具备跳脱出教材之外，掌握除教材本身内容以外的知识和技能的能力，在掌握教材知识的同时还能够实现对教材的创新。一般来说，思想政治教师选择将讲授的绝大部分内容都立足于教材，这时"教材"所起到的其实是一种规范性作用，而从教材中跳脱出来则是为了避免思想被教材内容所禁锢住，避免"知识崇拜"现象的产生，应当将讲授的重点放在对于教材内容的创新和知识的深化拓展上。在对教材内容进行加工的过程中，我们应该深入透彻地了解相关国家政策和文件中所传递出来的信息和时代观念，以此为基础对高校思政教材进行一定程度的创新，这就是"以教材为基础，但又不将教材作为唯一"，在连接教材内容与教学内容的过程中实现对国家社会主义核心价值观的引导和渗透，而切实把握这种关系也是教师把握现实与理论之间关系的必然要求。

众所周知，思想政治理论课程的教学都是将教学内容作为基础的，因而这部分内容必须是客观存在的，是不以主观意志为转移的，是不能被随意替代或替换的。同时，我们还要注意，本身思政理论课程的教学内容是具有特殊指向性的，在课程中我们所提到的思想都是指"政治思想"，而所讲述的理论也都是"政治理论"。从整体来看，其实高校思政理论课程的主体内容就是政治思想和政治理论所组成的庞大理论体系。除去那些知识理论体系中具有思想观念性质的核心内容外，还应包括有"中国精神"和"爱国主义"的相关内容，以及法律法规、道德理念和制度规范等内容。从教师的角度来理解的话，对教材的深入研究和掌握过程就是一个对内在逻辑进行延展的过程，而进行这部分环节时最为关键的就是把控由教材和教育对象所共同决定的教学目标，不仅是整体的课程教学目标，还有更加细化的深入到每一章节的小教学目标。与此同时，我们还要深入思考实现各个教学阶段教学目标所需采取的具体策略和实现形式，深入考虑教学内容和目标之间的联系，以及如何选择合适的教学内容等。

### （三）思考思想政治理论课的教学深度

在搞明白高校思政理论课程是要"讲什么"后，我们进而就要关注"如何讲好"的问题，即如何使学生能够深入理解每一个知识点，如何能够提升学生的学习效率。首先要明确"内容为王"的理念，从这一理念出发，思想政治理论课教师需要对自身所开展的教学活动赋予足够的思想性、价值性和艺术性，体现为积极地通过科研反哺渗透以提升教学深度，将敏锐的问题意识和鲜明的问题导向与教育对象的个体需求、知识讲解和价值传递相结合，以此引发学生的兴趣和思考，从而力争将思想政治理论课堂作为综合检验自身研究水准和教学能力的第一"试验场"。要体现教学的深度和思想性就要做到正确处理教学内容与教学形式之间的关系。关于教学内容和教学形式之间关系的争论，学界主要存在三种观点。第一种观点认为，只有推进高校思想政治理论课教学方法创新，才是提高教学质量的突破口，是推动教材优势向教学优势转变的重要途径。第二种观点强调，思想政治理论课应该以理论内化为主，形式、方法、手段为内容服务。第三种观点表示，不能割裂教学内容和形式之间的统一关系，要找出两者的最佳契合点以保证教学效果。作者倾向于第二种观点，教学内容较之于形式、手段更为重要。近年来，教材不断更新和改版，教师队伍持续扩充，学科设置不断优化和调整，慕课、翻转课堂、手机互动、影视赏析、课堂辩论、虚拟实践教学等各种新颖的教学形式在思想政治理论课上接续"登场"，表现思想政治理论课改革的逐步推进和具体成果。然而，需要对教学形式的"热"创新展开教学效能的"冷"思考，实际的教学效果与预期仍有所差距。

究其原因在于教学改革重形式、轻内容，过于注重形式，冠以各种新鲜"名堂"或称号，形成了某种模式来概括教学改革的形式化特色，这的确提升了教学的亲和力，但教学内容的着墨和设计不多，忽视了思想政治理论课的思想性和理论性。探讨如何上好思想政治理论课，对教学内容的强调并不意味着否定教学方法和形式改革的重要性。思想政治理论课教学有其内在方法，但教学方法应该摒弃循规蹈矩、一成不变的模式，不断追求与时俱进、丰富创新。思想政治理论课教师理论研究透彻、善写学术文章并不等同于其具备了优秀的教学水平和能力。教学是一门艺术，思想政治理论课应当在课程内容上做到"配方新颖"，在教学方法上做到"工艺精湛"，在教学手段上做到"包装时尚"，这就要求思想政治理论课教师不仅需要以坚实的科研能力和理论水平为基础，更需要成为能够主动把科研成果转化为教学内容的"学者型教学能手"。承担研究者身份的思想政治理论课教师具有自身特定的学科领域，但不能受限于自身的学科领域，必须从教学的重难点和学生的思想困惑点中寻找科研灵感，以科研成果促进教学水平的提升。思想政治理论课教师需要潜心研究教学内容、教学方法和教学手段，注重教学内容与教学形式之间的辩证统一关系，根据不同的教学内容针对性地采取差异化教学形式和适应性的教学手段。总体而言，在注重教学内容的前提下，制定或配以恰当合适的教学方法与手段才能生成高质量的教学效果。从提升思想政治理论课教学质量的诸多因素来看，教师自身的外形条件、口头表达等形式上的优势无法发挥决定性作用，优质课程的关键在于教师所精心设计的教学内容。在教学过程中，教师需要注重教学策略的科学性和对教学重难点把握的准确性。抓住教学重点，对于紧紧围绕教学主题开展高质量的教学活动来说具有重要意义，而对重点的选择既要结合教材体系框架的总体布局和知识逻辑来把握，也要根据学生的接受能力与教学效果加以确定，实际的课堂教学中应当将有限的时间资源用于重难点问题的分析阐释上。作者以为，专题化教学的方式更有助于提升教学质量，主张以专题化教学改革促进思想政治理论课从教材体系向教学体系转化，促进思想政治理论课教师从面面俱到向专、精、深、新转化。思想政治理论课教师需要改变"点点必讲、面面俱到、平分秋色、内容庞杂"的授课方式，确立"有所取舍、主次分明、错落有致、讲就讲好"的授课原则。不同班级和学生所思考的问题呈现出个性化的特征，而共性寓于个性之中，教学应当重在抓住个性化的统一，而非囿于"统一模式"或"万能结构"。思想政治理论课教师在教学过程中应当聚焦教学重点、理论难点、社会热点和学生的关注点这四个方面，以及将它们有机结合的可能性路径，使教学过程既体现出现有教学丰富充实的供给内容，又反映出学生多样化和差异化的学习需求，在对两者的综合平衡中做到思想政治理论课的有章可循和因材施教。

思想政治理论课教学改革要贯彻"内容为王"的理念。思想政治理论课教师自身重思考、有思想是上好思想政治理论课的第一要素。思想性不能简单归结为讲课的深度和难度，而在于通过讲授者的展示将讲授者所蕴含的"能量"传递出来，这是一种身为教学能手和行家的气场。从内容与形式的关系来看，形式是为内容服务的，内容设计是一堂成功的思想政治理论课的基本前提。但思想政治理论课是需要靠严谨的逻辑来论证的课程，无法将道理讲解清楚必然不能引发学生的思想共鸣。面对学生的提问、追问甚至是质疑，教师应当加以重视和研究，力图对问题进行追根究底的澄清和针对性的回应。如果不把主要精力放在对教学内容的研究上，而企图从教学方法上取胜，过多地依赖于多媒体、视音频等技术或者仅仅追求视听效果，思想政治理论课可能无法激发学生深入思考的主动性；如果不在课堂教学上下气力，而是以"实践教学"的名义去弱化理论讲授，不仅无法体现出思想政治理论课的理论性要求，甚至会削弱思想政治理论课应有的教育作用。思想政治理论课教师应当注重处理好课堂教学与社会实践之间的关系，社会实践从根本上应有利于理论知识、思想观念以及价值理念等在行动实践中入脑入心。

### （四）网络时代思政课教师要有新媒体思维

教师的新媒体思维，简而言之就是自觉学新媒体、懂新媒体、用新媒体的思想意识。教师要清醒地认识到，新媒体是当今最活跃、最先进、最迅速普及的社会生产工具和生活方式。理念创新是一切创新的先导，要保持思想的敏锐性和开放度，勇于打破传统思维定式，努力以思想认识的新飞跃提升思政课教学质量。思政课教师要充分认识新媒体的巨大作用，敏锐把握新媒体发展趋势，打破"怕新媒体、躲新媒体、恨新媒体"的思想羁绊，将驾驭新媒体的能力作为教学能力的重要内容。

## 三、网络时代高校思政理论课的教学评价

### （一）创设高校思政工作网站及教师微博评价机制

#### 1.创设高校思政工作网站

中共中央、国务院颁发的《关于进一步加强和改进大学生思想政治教育的意见》指出："全面加强校园网的建设，使网络成为弘扬主旋律、开展思想政治教育的重要手段。"[1] 各高校利用校园网络优势，建立网上团校、新闻网、理想导航（网上党校）、马列主义学习研究网、心理咨询在线等思想政治工作网站。在系统建设上基本形成了"校—院系—年级—班级""校学生会、团委—分学生会、分团委"、社团等多条线路的学生思想政治工作方面的网络系统。作为高校思想政治理论课教学活动的配套设施和资源辅助机构，思政网站包括：马克思主义经典著作、中国共产党的历史及重要文献、革命烈士与英雄模范人物的生平事迹、文物展览、改革开放的发展历程与建设成就、西方马克思主义理论学说、中国传统优秀文化和国内外政治时事及大家们的点评等。它们是思想政治理论课教学必要的辅助资料，非常有利于学生拓展思维、培育理论素养、锻炼资料搜查和整合能力。当然，作为拓宽思想政治理论课教学活动的重要网站，高校有关部门首先要在网站的内容更新、服务管理、读者答疑等方面做到尽量完善。在网站信息资料选辑过程中，要注重方向性，坚持思想政治理论课的政治导向性；要注重现实性，贴近社会和大学生活；要注重客观性，用正反事实说话，不回避矛盾；要注重时效性，保证信息更新的及时、迅捷。思想政治理论课教学效果最基本的体现是学生的理论程度有没有提高，退一步说，即有没有激发起学生对思想政治、世界观、人生伦理等方面理论知识的强烈求知欲和探索欲。这种求知欲首先表现在学生课

---

① 刘建军.寻找思想政治教育的独特视角 [M].北京：中国人民大学出版社，2016.

后是否会点击、浏览、研读网站上的经典文献。作为教师，应对网站上这些内容经常点击，将其作为必要的辅助资料推荐给学生，鼓励学生走进网站阅读经典文献，然后在适当时机一起交流心得。在这样的前提下，学生对网站的点击和阅读次数，阅读经典文献后与教师探讨体现出来的理论深度，应当纳入课程教学效果的考察之中。

2.建立教师微博评价机制

教师微博促进了高校思想政治理论课教学方式的改进，增强了思想政治理论课教师对即时事件、热点问题的研究深度，并加深了思想政治理论课的实效性。对教师而言，在微博中将教学思维和教学内容的动态性发展予以公布，可以帮助学生及时与教师沟通问题，反映心声和见解，同时教师也要在坦诚交流的基础上帮助自己有意识、有系统地反思与研究教育活动，总结经验，发现新问题，及时跟进学生的意识状态、思想动机、心理发展，提升思想政治理论课的授课水平。对学生而言，在教师、专家、教授的微博里，他们能够突破时空限制进行社会时事、理论的交流活动，在虚拟名字下大胆畅言，从直接对话中学会判断、学会生存、学会做事。对教学活动而言，教师在微博里把即将授课和探讨的讲义与问题提前发布给学生，学生将其作为电子文档，可以长期保存，并在教师的指点下随时链接相关时事和理论资源，进行课程预习和课后思考，从而保证课堂教学效果。

因此，考察教师的微博对学生思想政治理论课辅助教学的影响，可以从下面几个方面进行：微博中辅助思想政治理论课的内容结构是否完善，学生留言、师生的回帖频次及其基本内容，有关思想政治理论教育内容的微博主题或任务是否明确，学生在微博上参与课程理论讨论的深度和广度，师生在时事热点问题上的交流范围和各自的态度，学生在生活、学习、活动中困惑问题的涉及类别等。同时，任课教师可以结合课堂上学生的表现、学生课后参与社会实践的态度和范围，对学生学习科学理论、思考现实问题、规划成才发展、实践道德行为等方面进行效果评价。

### （二）重视公共网络平台的学生评价意见

高校BBS（网络论坛）和QQ群聊天室作为一个开放的公共舆论领域，提供了一个多元开放的舆论阵地。由于参与者是隐藏了本人真实信息的，因此在设置的考察议题下能够比较真实地了解高校学生对思想政治理论课授课内容、方式的看法，也能在大家的议论中了解他们的思想观念、道德取向、政治立场和做人行事的责任意识。这种公共的网络平台是思政教育者了解思政课程教学效果的重要阵地，相对来说，学生在公共网络平台上的评价和发言是比较真实客观的。

在 BBS 和 QQ 群聊天室内，当内部议论达成一致后，其观点会对大多数的学生产生重大影响，并由网络舆论施压影响到现实生活中的价值导向。舆论是一种群体意见的自然形态，因而它带有较强的自发性和盲目性，它的变化、发展在一定程度上是被动的，文化和道德的传统对它的影响巨大，同时各种偶然的外界因素也会坚持不断地引起它的波动。因此，作为高校思想政治理论舆论宣传的辅助阵地，BBS 和 QQ 群聊天室需要有高素质人员进行人为干预，这些人员不仅要熟悉现实课堂和网络思想政治教育的实践特点，还要具备一定的技术素养，能够通过设置议题来进行引导，并从技术上加强论坛管理，以潜移默化的方式用正确的意识形态和主流价值观进行舆论导向的引导。

# 第四章 网络时代高校思政教育的媒介素养建设

本章内容为网络时代高校思政教育的媒介素养建设，分别介绍了网络时代高校思政教育媒介素养概述、网络时代高校思政教育工作者的媒介素养建设以及网络时代大学生的媒介素养建设。

## 第一节 网络时代高校思政教育媒介素养概述

### 一、媒介素养的定义

媒介素养不仅是现代人文化素养的一部分，还是当代人们整体素质的组成部分，不可缺少，因此应该将其作为素质教育之魂，加以重点培育。随着互联网时代的到来，网络成为人们生活中不可或缺的重要部分，媒介素养则成为信息时代最基本的素质之一。关于媒介素养的概念界定，在媒介素养教育发展比较完善的国家，人们对其认识各不相同。本书通过比较国内外学者对媒介素养概念的界定，得出了对"媒介素养"这一术语的看法，这里我们选择了其中一些具有代表意义的观点，就媒介素养进行详细的阐述。

在美国媒介素养教育研究专家看来，媒介素养属于观察方法，也就是在我们身处媒介之中的时候，为解释人们遇到的资料，主动运用的方法之一。一般情况下，人们用知识结构建构自己的方式。工具有文字、图表等，原始资料包括语言材料和非语言性素材。建构知识结构，既需要工具、手段，也需要原始资料。在现代社会中，人们对媒介的依赖程度越来越高，媒介成为现代人获取知识和信息的重要手段。工具是现代人的技巧和本领，原始资料是媒介与现实世界中的关键信息。通过积极主动的灵活运用媒介，现代人不仅可以了解相关知识，还可以持续地和资讯进行互动交流；在英国媒介素养教育研究专家看来，媒介素养是对媒介信息灵活运用综合阐释时，需要的能力、知识以及技能。媒介素养从某种意义上来说是能力，以这样的能力去联系、分析以及评价大量复杂的信息。媒介素养的重点在于对人的帮助，特别是以青年人为主，他们逐渐成为对媒介信息更加理性的谨慎消费者，由此在购物方面、健康方面和价值判断方面都能作出比较理智的决定。除此之外，还有助于现代人成为媒介的生产者，使其所思、所想得到更加有效的传递。加拿大媒介素养教育研究专家对媒介素养教育有如下界定：媒介素养的目标是帮助和促进学生培养对大众媒介性质既有判断的能力，又具有一定的知晓理解能力，了解和认识大众媒介使用的科技及其效果。具体而言，媒介素养实际上是教育的一种，这一教育旨在提高学生对于媒介操作方式的认识，了解媒介是怎样传达意义的，怎样整理和建构真实的享受与理解的。媒介素养也旨在让学生具有创造媒介产品的能力①。

与此同时，有中国学者认为，媒介素养是传统素养能力的拓展，它包含了现代人解读多种形式媒介信息的能力，不仅包括传统素养的听说读写能力，也包括观看、收听与解读媒介传递信息的能力，以及利用信息技术生产多种媒体信息的相关能力。毫无疑问，媒介素养是一种崭新的素质概念，其目的在于让现代人变成一个主动充分利用媒体、生产媒体产品，并且对无处不在的信息有自己的主体意志以及独立思考的一个高质量公民。媒介素养作为一种新的思维方式，其基本内容包括媒介知识技能、传播理念及道德伦理等方面的综合能力，一方面关系到提升社会文化品质，另一方面也与完善和促进公民社会的发展有着紧密的联系；也有中国学者认为，所谓的媒介教育就是关于媒介知识、运用技能与方法方面的教育。一般这类教育被纳入新闻和传播教育的范畴，主要由新闻和传播院校向传播专业、新闻学专业的学生实施。

总之，媒介素养可归纳为建设性、正确、灵活运用大众传播资源的能力，可以通过对媒介资源的充分利用进一步完善和提升自己，推动社会进步。它以培养合格的媒介人才为主要目标，其内容涵盖了信息素养、媒体意识、受众研究、传播学理论等诸多领域，主要有大众对媒介资源的使用动机、媒介资源利用的途径和态度，等等。

---

① 宫承波. 新媒体概论 [M]. 北京：中国广播电视出版社，2007.

## 二、提升媒介素养的必要性

### （一）提升媒介素养是现实要求

新兴的信息技术对高校的影响尤为深远。大学生在网络使用中成为主要参与者。网络时代是大势所趋，而大学作为专门培养人才的机构，担负着祖国未来发展的重托、家庭的希望和个人的理想，因此提升媒介素养教育是一件意义重大的事情。

1.社会发展的客观现实要求高校加强媒介素养教育

以物质生活为中心的生产方式，严重制约着整体的社会、精神和政治生活过程。在分析影响我国公众媒介素养的因素时发现，除了受传统文化和经济发展水平制约外，媒介素养还受到教育观念和媒介环境的深刻影响。事实上，人的意识和认识并不会决定人的生存，恰恰相反，正是人的社会存在，才决定了人的意识，对其起着决定性的作用。网络社会的延伸发展，已经渗透和融入了人们生活学习的方方面面。各种各样的社会思潮不断冲击着社会主义的思想文化，一些国家面临着文化同化的危险。如何抵制和消除这些错误思想的传播，传统的思想政治教育已略显乏力，从某种程度上看，面对网络的来势汹汹，传统的思想政治教育手段已经跟不上网络的步伐。因此，大学生思想政治教育应该不断地发展完善，而不是墨守成规，应该加强媒介素养教育，顺应时代步伐，掌握事物的发展规律，正如马克思历史唯物主义观告诉我们，"社会存在决定社会意识，但是社会意识对社会存在具有反作用"。[①] 社会意识并不一定出现于社会存在之后，它可以先于社会存在出现，指导实践。因此，大学生思想政治教育作为大学生的指路明灯，必须在时代的浪潮中高瞻远瞩，指引大学生前行的道路。所以要寻找新的路径，使思想政治教育的发展走在时代的前沿，为大学生前行指明方向。

2.媒介素养教育是大学生思想政治教育的内容创新

大学生思想政治教育的教学目标要求我们能够审时度势，结合社会发展的现实，引导和教育大学生树立正确的世界观、人生观和价值观，用马克思主义、毛泽东思想和中国特色社会主义理论体系教育学生，培养和造就有理想、有道德、有文化、有纪律的社会主义接班人。大学生思想政治教育的终极目标就是教育大

---

① 刘喆.网络环境下高校辅导员思政教育工作探讨 [J].现代商贸工业，2022，43（09）：112.

学生应该成为理想远大、道德情感高尚、文化知识渊博、法制观念强的人，促进大学生的自由全面发展，激励广大大学生为建设中国特色社会主义并最终实现共产主义而不懈努力奋斗。

大学生思想政治教育经过不断的实践、探索与发展，如今更加关注学生的诉求，力求理论联系实际，实事求是，贴近生活、贴近学生的实际，不断变革调整，积极探索大学生思想政治教育的新途径、新方法、新手段，使思想政治教育理论不断丰富完善，增强了思想政治教育的时代性和可行性。但是，在取得进步的同时，我们也应该认识到在全球化经济的浪潮下和各种文化思潮的激荡下，高校的思想政治教育环境出现了许多新的变化，思想政治教育面临着许多新问题和新挑战。这要求在思想政治教育的过程中，要理论联系实际，不断更新思想政治教育的教学观念和方式方法，进一步认识和掌握新媒体技术，了解学生的思想变化，有针对性地开展思想政治教育工作，而我国大学生思想政治教育之所以具有旺盛的生命力，就是因为思想政治教育紧跟时代的步伐，理论联系实际，实事求是地解决现实中存在的问题，开展与实际相关的理论教育和实践教学。对大学生开展媒介素养教育，是从专业和科学分析的角度对大学生正面临的信息难题作了相应的解释，分析解答大学生在浏览、接收、制造信息等方面存在的问题，同时使大学生认识到在网络空间的道德需求和社会责任感。也正是因为如此，现阶段在高校学生的思想政治教育中全面开展媒介素养教育，一方面，能够充实高校学生思政教育的内容，另一方面，还可以有效解决现实存在的各种问题。积极开展媒介素养教育，正确认识和判断充斥在大学生周围的海量信息，引导学生培养良好的媒介素养，形成正确的世界观、人生观和价值观是现阶段大学生思想政治教育工作的重要任务。

## （二）提升媒介素养是大学生要求

网络媒介的出现改变了大学生学习生活的环境，扩展了学习生活的新空间，逐渐形成了网络虚拟空间。大学生可以通过网络解决很多生活和学习上的困难，可以通过视频公开课学到一些有用的知识和技能，可以通过阅读各种文学作品修身养性，可以通过浏览关注国内外最新信息动态来扩展视野。所以，大学生如何在良莠不齐的信息世界健康成长，接受正面信息，抵制负面影响，媒介素养的不断提高是他们成长的"防身利器"。

1. 大学生的成长需要加强媒介素养教育

信息时代，大学生被各种各样的信息包围，要从海量的信息包围圈里冲出来，就要求大学生能够具有良好的媒介素养，即具有良好的媒介认识、批判和运用方面的素养。换句话说，大学生能够在信息的海洋中理性地解读信息、科学地分析信息、批判地接受信息，以及适当地利用信息。但是，现实情况是，大学生是一个正在成长的群体，他们的心智还比较稚嫩，他们对媒介抱着开放、积极接纳的态度。然而，与他们的热情不相称的是其媒介素养却还处于最初的萌发阶段，对社会的各种信息理解还比较粗浅，容易被迷惑或者被蒙骗。

网络时代，信息的自由传播和交互，涌现出许多可供大学生选择学习的内容。同时，许多不够健康的信息也在网络上活跃，例如，各种暴力、黄色以及一些偏激的言论、图片、视频等，使大学生的网上活动具有很大的不安全因素。如果缺乏必要的媒介素养，大学生可能无法有效获取媒介的正面信息为己所用，甚至被媒介的负面信息左右，逐渐迷失在信息的海洋世界。所以大学生必须认识到媒介的两面性，通过媒介素养教育，能够理性地解读信息、科学地分析信息、批判地接受信息，以及适当地利用信息。

2. 大学生媒介素养的提高有利于自由全面发展

我国思想政治教育的根本目的就是提高教育者的思想道德素质和促进人的自由全面发展。人的自由全面发展既是共产主义的理想目标，也是社会主义的本质要求。只有促进人的自由全面发展，才能使受教育者更积极、更主动地投身于中国特色社会主义事业建设中，也才能为共产主义的实现准备更充分的条件。在全球化经济浪潮下，各种竞争归根结底都是人才的竞争。大学生是我国最宝贵的财富，是人民的希望、祖国的未来。大学生需要不断地学习，增长他们的科学文化知识。在网络环境中，许多大学生都可以通过互联网自主学习，查找自己感兴趣的或是专业方面的资料。移动客户端推出的各种 App 深受大学生的喜爱，无论是学习、生活、还是娱乐，大学生都与网络产生了联系。在运用网络的时候，媒介素养是大学生应用网络的基本素养。媒介素养能够帮助大学生正确地选择、利用纷繁复杂的网络信息，避免被一些不良信息浸染。更为重要的是，媒介素养教育与大学生的思想政治教育有密切的关系。网络的虚拟空间具有很强的不可控性，它是没有国家界限的，信息在网络上具有广泛的共享性。各国的文化观念之间既有矛盾又有融合。互联网是一个多文化的交流平台，大学生沉浸其中，或多或少会受到其他文化价值观念的影响，所以，提高媒介素养教育，可以帮助大学生在复杂的信息环境下建立起正确的世界观、人生观、政治观与价值观，让大学生自由全面地快速发展。

3. 大学生媒介素养的提高有利于深化思政教育的发展

随着时代的发展，思想政治教育也需要继续前进，不断丰富内容，与时俱进。学习是一个长期的过程，我国提倡终身学习，建设学习型社会。这就要求我们除了具备学习的能力，还需要必要的学习资料，而网络无疑是我们终身学习的最佳选择。网络容纳了海量的信息，而且摆脱了时间和空间的限制，满足人们随时随地学习的需求。要应用好各种媒介，快捷地获取自身需要的信息，有效地利用网络讯息，这就要求使用者具备一定的媒介素养，有力地推进学习型社会的建设，不断推进大学生思想政治教育向前发展。同时，提升大学生的媒介素养，能够促使大学生思想政治教育不断变革，深化思想政治教育的发展。在新媒体环境下，大学生思想政治教育在内容和方式上都受到了信息化的冲击。传统的思想政治教育内容需要随着时代的发展不断更新，宣传党最新的方针政策，让大学生了解国家的最新动态，明确今后的发展方向。传统思想政治教育的方式也需随着时代的发展灵活变化，媒介的应用是一种不可阻挡的趋势。例如，漂亮的图片、动听的声音、精彩的动作瞬间都可以成为思想政治教育教学中的内容。运用丰富多彩的教学方式为学生呈现新的知识内容，增加思想政治教育的趣味性，调动学生学习的积极性，提升思想政治教育的效果。在网络时代，海量的信息把我们包围其中，若是大学生还不具备必要的媒介素养，很容易就被各种信息蒙蔽，久而久之，有可能造成不可挽回的后果。相反，若是大学生具备了一定的媒介素养，那么他们就会科学地分析各种信息，不轻信、不盲从、理性对待。他们能够分辨信息的好与坏，自觉地过滤不实言论和虚假新闻，坚定社会主义信念。由此可见，外在的保护和力量虽然起了一定作用，但是，大学生自身媒介素养的提升却是重中之重，内在的坚定是一切外力所不能比拟的。网络媒介素养的提升在一定程度上是深化大学生思想政治教育的要求，为思想政治教育开辟了新的前进道路，是其前进的助推力。

### （三）提升媒介素养是思政教育工作者要求

网络环境下，教育者面对的是被称为"信息时代的原住民"的一群大学生，他们思维敏捷，对网络的依存度高。要想走入他们的思想世界，就必须主动了解互联网，关注新媒体，应用多媒体，以了解他们的思想，学习他们的"语言"，用他们的话语与他们进行沟通交流，才能掌握他们的思想动态，指引他们走向美好的未来。所以，教育者必须提高自身媒介素养。

在互联网和信息技术飞速发展的今天，大学生已经成为信息社会中最重要的主体之一。"互联网＋"背景下，作为高校学生思想政治教育研究对象，方式方法都遇到了很大的挑战。在没有网络之前，思想政治教育的主动权牢牢掌握在教育者手中。教育者单方面可以决定信息的选择，受教育者没有发言权。教师可以根据教学目的自由地选择教授形式、方法与内容，对学生进行任何形式的教学，受教育者只能被动地接受教师所讲授的知识，这严重地影响了学生学习的积极性，学习成效不大明显。但是随着网络技术的不断发展和广泛传播，各种信息的传播成为双向性传播或是多向性传播，甚至是反哺式传播。教师的讲授不再是学生接受教育信息的唯一来源，学生可以在网络上任意搜寻自己需要的知识内容，而不再受限于课堂的一家之言。因此，教育者的知识权威性受到了前所未有的挑战。如果教育者墨守成规，满足不了学生的学习愿望，思想政治教育课就会变成教师的独角戏；不能适应社会发展需要，思想政治课将变成一种负担，甚至是一种包袱，长此以往，思想政治教育理论课就会逐渐名存实亡，沦为摆设，不可能完成思想政治教育的目标要求。

新兴媒体的发展需要思想政治教育者加强自身的媒介素养。在现实中，大多数思想政治教育者对媒介素养的认识还不够，而学生的媒介素养能力却在日积月累的应用中得到了不断提升，这就导致了教育者和受教育者之间媒介素养失衡现象的发生。如果不积极改变这种状态，长此以往，教育者的地位将会逐渐被网络所替代。为了避免这样的情况发生，思想政治教育者就必须跟上新技术的发展脚步，主动了解新兴媒体技术，掌握并运用到我们的实际教学和生活实践中。思想政治教育者应积极行动起来，寻求思想政治教育发展前进的新路径。将媒介素养与思想政治教育课更好地融合起来，运用媒介开展思想文化宣传、思想政治教育理论教学、学术研究等，紧随时代发展的步伐，不断加强思政教育课教学的时代性，激发学生的学习热情和学习兴趣，最大限度地提高思政教育的教学效果，以适应新形势下高校学生思政教育工作的需要。

# 第二节　网络时代高校思政教育工作者的媒介素养建设

## 一、思想政治工作者应具备的网络媒介素养

### （一）网络媒介认知能力

所谓网络媒介认知能力，就是人心中所形成的对网络媒介事物信息的加工能力与处理能力，对网络环境下信息传播、人际交流、社会交往等方面都会产生非常直接的影响，主要涉及对网络媒介的本质、构成及其发展动力和基本规律等认识，并在此认识的基础上进行有关"网络媒介"的信息加工和信息处理的素质结构，即思想政治教育者应对以电脑为代表的固定终端网络媒介、以手机为代表的移动终端网络媒介和其他混合式网络媒介的本质、构成及其发展的动力和基本规律等有清醒的认识，并具有对这些"网络媒介"的信息进行加工和处理的能力。

### （二）网络媒介使用能力

网络媒介使用能力，是指人可以对网络媒介进行科学、合理与高效地利用，并利用网络媒介服务于社会发展与自身发展的素质结构。它具有开放性、互动性、自主性等特点。媒介使用能力是由单向信息接收能力构成的，即从个体已有的媒介素养出发，单方面地对"媒介信息"进行解读、筛选和接收，由此形成的媒介使用能力，如对书籍、报刊、电影、电视等传统媒介的使用就属于单向的媒介使用能力；除此之外，还包括媒介互动使用能力，一般是指以互联网为代表的新兴立体媒介所形成的素质结构，也就是网络媒介使用能力。网络时代思想政治教育者不但要具备单向的媒介使用能力，而且要具备媒介互动使用能力。

### （三）网络媒介批判能力

网络媒介批判能力是指将现有的媒介知识以及与"媒介"相关的"经验"结合起来，对网络媒介的运作、使用、更新和创造等过程和机制进行分析、反思和

批判的素质结构。网络媒介批判能力包括网络媒介分析能力、网络媒介反思能力等。思想政治教育者在使用网络媒体时，既是网络信息的采集者，又是网络信息的监督者、被监督者及网络信息的管理者，因此，必须提升媒介批判能力。

## （四）网络媒介创造能力

网络媒介创造能力是指对网络媒介内容进行技术处理和变革，以及对网络媒介这一物质本身进行革新和创造的能力。未来的媒介融合趋势显著，信息对象的采集面覆盖越来越广，其中文本、图像、音频、视频、动画等都会增添很多新型的制作方式。思想政治教育者不一定能将各种技术手段全部应用自如，因此，网络思想政治教育工作流程的创新既包括思想政治教育者个体的创新，更应注重群体的创新。比如，由掌握不同技能的思想政治教育者一起策划、甄选、整合编辑，思想政治教育网站编辑协同工作，各司其职，发挥各自技术优势，以提高网络思想政治教育的吸引力、感染力、战斗力。

## （五）网络媒介道德水准

媒介道德是指在媒介活动中的信息接收者、使用者、加工者和传递者之间各种行为规范的总和，即整个媒介活动中的道德。新媒体时代引发了一系列媒介道德伦理问题[①]。在这种情况下，思想政治教育工作者只有自身具备崇高的社会道德，才能帮助大学生树立媒介道德意识，学会正确使用新媒体，从而避免新媒体给大学生带来的负面影响。高校思想政治教育工作者的媒介道德素养主要包括以下几个方面。

### 1. 媒介伦理道德意识

在新媒介中，人们把媒介伦理道德称为"第一道防火墙"。高校思想政治工作者自身应在思想和心理上建立抵御互联网不良信息的防线，树立正确的新媒体伦理道德观念，控制自己的媒体行为，自觉抵制不良信息的侵袭，最终成为一名合格的媒介使用者。

### 2. 媒介法制观

高校思想政治工作者只有具有媒介法制的观念，全面增强媒介法律法规意识，才能在法律规定的范围内正确使用媒介及利用媒介信息开展思想政治教育。在此

---

① 任艳妮. 大众传媒环境下大学生思想政治教育传播有效性研究 [D]. 西安：西北工业大学，2015.

基础上，才能针对学生开展有说服力的媒介素养教育，全面提升思想政治工作的实效性。

3.社会责任感

高校思想政治工作者除了要担负大学生的思想政治教育职能，还要承担起媒介与舆论导向的责任。因此，其媒体道德水平、社会责任感就显得尤为重要。只有具有较高的社会道德水平，并在实际工作中坚持知行合一，自觉强化媒体观念，才能真正树立为学生、社会服务的意识，进而做好新时期大学生的思想政治教育工作。

## 二、思政教育工作者媒介素养的提升策略

### （一）明确思政教育工作者的角色定位

高校思想政治理论课教师作为传播马克思主义理论，培育大学生理想信念和道德情操的"人生导师"，是高校牢牢把握意识形态主动权，坚持立德树人，强化思想引领的专业队伍与骨干力量，更应按照"有理想信念、有道德情操、有扎实学识、有仁爱之心"的"四有"要求，明确角色定位，担当责任，不辱使命。

1.讲政治，做让党真正放心的人

对高校而言，讲政治关乎办学方向，以及培养什么样的人、如何培养人和由什么人来培养人的重大问题。思政理论课教师作为高校的重要骨干力量和专业队伍，主要任务是将政治的根本要求与核心理念真正地落到实处。因此，讲政治对高校思政理论课老师来说，不仅有十分特殊的意义，还有着特别的要求。

（1）讲政治是思想政治理论课教师的基本职责

高校自身具有一定的特殊性，它决定高校除了充当意识形态的"交锋地"之外，还充当着多种观念的"对话场"。讲政治是指在教育教学过程中坚持正确的立场、观点与方法，以科学理论为指导，用先进文化武装学生头脑。坚持社会主义办学的正确方向，面临着十分现实又错综复杂的巨大挑战，有国际国内意识形态相互斗争的背景，还有学校内部和学校外部的思想交流与碰撞，既有看得见摸得着的对决，又更多地表现在隐性角力上。一方面，改革开放以来，思想文化与科学技术的国际交流与合作深度推进，开放办学成为一种时代要求和发展必然，

在丰富高校办学资源的同时，也带来了一些显而易见的意识形态新课题；另一方面，高校的青年教师生长在改革开放的大环境中，思想活跃，自主意识强，在大学生中有着天然的亲和力和示范性。因此，在大力提倡尊重人才的同时，将教学政治纪律与政治规则突出和强调出来，在全新的形势下就必然成了坚持马克思主义在高校中的主导地位，实施教育，服务社会主义，服务广大人民群众的需要。在新时代条件下，面对西方文化的渗透，国内社会思潮激荡，网络舆情多元等因素影响，高校学生群体呈现出许多鲜明特征。思政理论课教师是其重要的骨干，因此要积极、主动地承担责任，作出正确的示范，将其作用充分发挥出来。

（2）讲政治在高校思政理论课教师教学中占据主要地位

我们都知道，思政理论课程作为一门科学体系，其内容十分丰富，涵盖许多学科领域，如哲学、历史学等，为改善和优化学生的知识结构，特别是系统学习与全面掌握马克思主义的方法论与世界观，并且切实付诸实际，提供大量材料和素材。这几门课在内容安排上都具有非常鲜明的特色，即时刻服从并为培养高校学生的社会主义理想信念提供服务，不断增强并且使他们始终坚定建设中国特色社会主义"三个自信"核心理念与中心任务。所以，高校思想政治理论课程体系贯穿始终的一条主线、一个灵魂就是政治性和思想性，教授学生马克思主义原理、思想品德修养等都不可以偏离或者远离这一主线和灵魂，它不仅是规范管理课程教学的根本需要，还在一定程度上体现了思政理论课所特有的价值。

（3）讲政治是高校思政理论课教师应具有的一种自觉境界

高校的思政理论课教师传播与示范理想信念、道德规范，对高校学生而言，既是示范者，又是传播者。政治自觉应该是高校思政教师必须具备的职业特质，它主要表现在以下三个方面：第一，政治认知要端正，即思政教师要有马克思主义政治理论扎实的功底，与此同时，对我国现有政治制度是否合法，也有着足够的认识；第二，政治态度坚决，也就是始终坚持正确的政治观点和政治立场，并且在政治方面有较高的敏锐性和政治鉴别力，以及较强的理论修养和理论分析能力；第三，政治责任感高，具体来说是要明确、认识和了解思政理论课教师应该承担的使命与职责，并且自觉地贯彻于教书育人实践中。

2.精业务，做让学生终身受益的人

众所周知，高校思政理论课有非常鲜明的性质和属性，一方面，它既是一门包含多领域的综合学科，又属于思想意识形态之一，另一方面，它也是一种价值观念和完整的知识体系。此外，思政理论课还相应地包含以下四个基本功能：第一，讲授系统理论知识；第二，培养科学思维方式；第三，引导理性实践行为；第四，主张正确价值理念。高校思政理论课教学目标想要快速地实现，非常有必要科学、合理地处理好学科的学理性以及意识形态的主导性关系，让二者结合起来，相得益彰，从而最终构成思政理论课教师"精业务"的根本含义。

全面掌握课程的学理性，是阐明意识形态合理性之根本和基础，又具有意识形态教育说服力和感召力，这就要求思政理论课老师要有扎实的专业功底和较高的知识理论水平。思政教育的主干课程一共包括四门，均具有鲜明的功能指向，其中中国近现代史纲要课强调，始终坚持党的领导，坚持社会主义道路，是历史的抉择，也是广大人民群众的抉择，这一个根本性历史认知问题；思想道德修养和法律基础课重在培养和发展高校学生在道德方面的素养，以及法律意识、人文情怀；马克思主义基本原理课的重点在于正确指引和引导高校学生用马克思主义的立场、观点与方法对社会现实问题进行深入观察与分析；毛泽东思想与中国特色社会主义理论体系概论课注重引导高校学生加强中国特色社会主义"三个自信"。以上四门课程从某种意义上来说蕴含着学理性、先导性、发展性和实践性统一的具体要求，这决定着思想政治理论课具有独特的魅力。

组成思想政治理论课程内在独特的魅力一共包括以下四个方面：第一，逻辑的思辨力；第二，实践上的引导力；第三，历史的穿透力；第四，理论上的说服力。在当今时代，思想政治理论课的吸引力越来越强，这不仅取决于其自身所蕴含的科学性，还取决于它对学生学习兴趣及求知欲望的吸引程度。思政理论课的教师应该积极开发其蕴含的独特魅力，并且灵活驾驭，因此，应该对有关专业文献进行研究，特别是马克思主义经典著作，将专业基本功打牢的同时，还要不断地深入社会实践，认清国情，了解国情，对国家经济社会发展动向有更加充分的掌握，特别是社会思潮在新形势中的基本态势，另外更加有必要持续加强对马克思主义中国化的最新理论成果的学习与研究，从而将它的理论精髓和具体实践要求紧紧抓住。

3.受欢迎，做让学生真心喜欢的人

所谓"受欢迎"，是学生发自内心地接受老师，认可老师，也是以情感为基础，教师和学生的心理默契、实践互动。教师只有充分地理解学生对课程的喜爱程度，才能有针对性地设计教学活动，使之符合学生身心发展规律，从而获得较好的教学效果。学生对思政课程的认可，首先是基于对任课教师的信任、承认和欢迎，其次才是对教学内容的接受、理解和内化。学生对老师的信任感与认同感不仅源于教师的知识与人品，还来源于教师的教学手段与方法，以及社会美誉度等多个方面，但是具有决定意义的，还是学生经过亲身体验，真正受到老师们的诚心"感化"，即触及心灵。从思想政治理论课程的特征来看，教师之诚，表现为以下几个层面。

（1）重视用事实说话

也就是教师在教学的时候应该将"说理"置于"事实"具体分析和客观评价的基础上进行。新媒体快速发展的今天，形形色色的社会信息内容良莠不齐，很容易误导涉世不深的高校学生，要求教师恢复客观事实的真相，借助权威的专业解读，让学生相信老师，并且形成实事求是的理性判断思维方式。

（2）强调平等交流

"思想塑造"是高校思政理论课程最突出的特征，它要求教师和学生之间有充分的思想沟通和交流，只有当学生的自由思想受到尊重的时候，才有可能向教师吐露自己的心声，真正地敞开心扉，形成良好的互动。

（3）注重换位思考

基于思政理论课程教学目的，与学生年龄特点、知识结构等相结合，站在学生的层面考虑最关心的社会问题，高校生活的需要等，这样才可以使教师教学的有效性与针对性得到大幅度提升。

（4）理解包容

随着时代的进步，高校学生普遍追求个性，主张行为与思想的独立，这是由他们的年龄特点以及认知水平等因素决定的。在这个时期，高校学生虽然对自我价值有一个正确的定位，但由于缺乏必要的约束，容易受外界环境的影响，从而出现行为上的偏差。教师在这方面既要有耐心，又要宽容，主动在尊重学生的独立性和遵从社会主流价值观之间找到衔接点，循序渐进引导学生从不成熟走向成熟。

### 4.有自信，做让社会普遍尊重的人

教师主要是以其"权威"从事职业活动。这个"权威"并非建立在权力之上，而是由社会认同产生的威望。其中，知识与品行构成了教师的双重品质，它们之间相辅相成，相互促进。这种威望来源于教师本身丰富的知识、独特的人格魅力，以及社会对教师职业所给予的充分肯定。从两者的关系上看，以教师学识和人格魅力为根本，是良好社会评价形成的先决条件，并且好的社会评价，可以成为激发教师提高学识和品格的一种力量和良好氛围。此外，教师的专业发展也为他们获得社会认可提供了可能。教师身份认同和职业自信是在教师职业提升过程中得到持续性的有效肯定，这也为反思当前高校思想政治课教学提供了一个重要的启示——必须注重加强教师队伍建设，努力打造一支高素质、专业化的"双师型"教师队伍。由此，社会尊重教师，给予教师肯定，不是由教师外在因素决定的，而主要依赖于教师本身职业的忠诚和素养。所以，思政课教师要想进一步提升职业自信，需要从以下几方面不断地磨砺自己。

（1）在树立事业神圣感当中，不断强化使命感与自豪感

教师作为一个特殊群体的存在，其社会地位取决于其拥有的知识、能力及其获得认可的程度。神圣感来自于对自己职业价值的承认。作为一名教育工作者，思政教师要以崇高的责任感、使命感树立起自己的职业形象。高校思政理论课程是传播马克思主义理论的渠道，也是对大学生进行思想政治教育工作的主要平台，以及高校充分掌握意识形态主动权的关键依托，更是社会主义大学办学最大的特色。要使思想政治理论课发挥好育人功能，就必须充分发挥思想政治理论课教师队伍建设的引领示范作用，不断提高思想政治理论课的教学水平。从实际意义上来看，明确思政理论课教师在教学中的特殊角色与地位，也就是通过对马克思主义理论的广泛宣传，特别是在社会主义核心价值观方面，使高校学生成为有正确理想信念、高尚道德情操的社会主义事业的接班人与建设者，更是建设有中国特色社会主义事业承前启后、继往开来的基础工程。因此，加强对思想政治理论课教师的专业化建设就成为时代赋予每一个教育工作者的责任和使命。教师地位在这一伟大的事业中不可替代，是非常重要的存在。

（2）在磨砺自身品格的同时，品味精神高地的美好和超越

作为一个人，必须具有一定的社会责任感。在我国诸多优秀的传统文化里，

人生之本与德育之道分别是"立德"和"以德服人"。在现代教育背景下,"德育"既包括思想道德方面的内容,又包含了法律、知识等其他人文社会科学方面的内容。由于社会分工存在区别,因此它的道德要求无论是在内容上,还是在标准上,都是不统一的,思政理论课程作为"德育"方面的专职教师,要以"德"为业和立身,肩负社会道德传播者和示范者的重要责任,这就需要教师有较高的道德素养与追求。因此,思想政治理论课教师应具备高尚的品德修养和人格魅力,这是做好教育教学工作的根本所在。思政课教师在市场经济中,保持高洁和宁静,拒绝各种诱惑和功利,就是他们以德服人和赢得社会尊重的关键。从根本意义上讲,只有拥有崇高的人格境界,才能获得真正意义上的自由发展,这涉及多个方面,如良好的职业形象、正确的名利观等,共同构成思政理论课程"精神高地"的关键时代内涵。

（3）在奉献社会和服务发展当中,不断提高教师的社会美誉度

众所周知,立德树人是教育之根本。思政理论课程具有鲜明实践内涵的同时,也有明确的要求,要实现思政课改革目标,提高其实效性,必须将两者有机统一起来。理论联系实际,是课程教学深化改革的内在需要,更是让教师综合素质快速提升不可缺少的途径。思想政治课要实现这一目标,就必须加强其实践性建设。在实践教学中,蕴含着教师与社会实际相结合的教学,以及广大师生在献身社会实践中接受教育、增长才干等诸多内涵。作为高校重要组成部分的高校教师,其社会实践具有明显的时代特征。教师社会实践的途径与内容是多种多样的,如社会兼职、公益活动等。教师虽然参与社会活动的形式多种多样,但最基本、最主要的还是为社会培养各种优秀的应用型人才,以及提供智力支持、科学研究、承担社会责任的社会性活动。通过上述内容,了解具有组织性和公益性的社会活动,其重要性不言而喻,如果教师个体提供有偿的社会服务,那么该行为就需综合掌握社会效益和经济效益两者之间存在的关系,从而有效维护道德操守和职业规范,做到诚实、公正、专业,继而赢得社会的尊敬。

**（二）加强媒介素养教育师资培训**

**1.增强高校教师的认知能力与媒介意识**

从实践看,可以采用"三段式"师资培养模式。

认知能力是指高校教师对媒介"环境监视，社会协调"等积极的正面作用和功能，对媒介所营造的拟态现实及其他作用的理解。媒介意识是指为媒介增加属性、特征等多个层面的敏感与重视程度。事实上，媒介素养就是媒介的基本属性，即如何利用媒体实现其自身价值。需要注意的是，媒介素养教育对教师专业发展具有不可替代的重要作用和意义。

2. 培养和发展高校教师的多层次媒介素养能力

多层次媒介素养能力主要由三个不同的层次构成。首先，了解和掌握最基础的知识，如媒介、作用等，特别是教师在教学活动中要熟练掌握常用的基本媒介工具；其次，教师利用媒介开展教学活动的时候，应基于对媒介特点与规律的把握，批判性认识和理解媒介功能；最后，要增强媒介为我所用的意识，简单说就是强调人们在媒介关系中的主导地位与主动性。

### （三）确立思政教育工作者媒介素养的培养途径

1. 打造精英队伍

高校应该针对思政教育工作者开展不同形式的培训，努力提升他们对媒介素养意识的正确认识，造就一支精英团队，使团队既充满现代化，又具有专业性。在新时期下，高校思政教育要实现与时俱进，就必须重视提高教师媒介素养，培养学生运用媒体能力，增强其媒介使用意愿。思政工作者唯有在理念上真正意识到媒介素养教育对自身发展与工作成效的意义，才会创造出一个良好的实践环境与学习氛围，获取提升自我的重要力量，成为理性、积极以及成熟的媒介使用者。在此过程中，他们不仅要掌握传播信息、引导舆论等基本技能，还要具备一定的理论修养和专业能力，能够通过多种途径提高自己的综合素质与职业竞争力。所以，高校思想政治教育工作者要努力把自己武装成一个有较深理论，同时精通先进技能的现代化和专业化团队。

2. 成立"互学共习"研究小组

高校努力组建由思政教育工作者构成的差异化"互学共习"研究小组，使其媒介素养得到共同的提高。培养思政教育工作者良好的媒介素养是当前高校培养目标之一，针对受教育者的不同特征，建立各种研究小组，并且灵活地选择适合自己的教育模式，从而切实保障媒介素养教育全面、系统、高效地进行。研究小组的成员们自发地组织不同类型的活动，从而在相互沟通和交流的过程当中实现教育资源的共享，共同提升媒介素养。

# 第三节　网络时代大学生的媒介素养建设

## 一、大学生媒介使用情况

数字化信息的发展促使传播媒介越来越方便快捷，快速占据了现代人生活领域。新媒介的发展受到高校学生的喜爱，并成为他们日常学习和生活中不可缺少的重要部分。

### （一）大学生获取信息的媒介方式

从传统的报纸、广播、电视、杂志到现在流行的手机、网络、微媒体等，传播媒介的发展越来越快捷方便，传播的内容越来越丰富，传播的速度越来越快，传播的受众面也在不断扩大。网络使各国间的交流变得简单，使国家的界限变得模糊，使地球变为村落，整个地球成为一个大家庭。特别是手机的普及，其便携性的特质使它的作用更加凸显，它满足了人们随时随地沟通交流的需要。各种手机移动客户端的发展，更加丰富了手机的功能，学习、视频、购物、运动、餐饮、娱乐等都可以通过手机协助完成。手机的功能正在不断完善创新，它使信息的传播范围更加广泛和有针对性，对大学生具有很强的吸引力，加强了大学生对于手机的依赖性。随着信息技术的发展，网络和手机逐渐成为人们获取信息的主要渠道，书籍、杂志、报纸、广播、电视也是人们获取信息的渠道，虽各有不同的侧重点，但是总体呈现出一种百花齐放的格局，人们获取信息方式的选择更加多样化。

### （二）大学生获取媒介的目的

大学生在使用媒介时总是有一定目的性的，是为了满足自身的某种需要而进行的一种活动。因此，洞悉大学生应用媒介的目的非常重要。一方面，大学生使用媒介是为了生活学习的需要。全球化经济浪潮下，信息化的社会要求大学生们了解各方面的信息，以便观全局而知当下。大学生通过网络了解国内外最新情况，了解国内的时事政策，关心家国天下事。网络可以是一个很好的学习平台。大学生可以学习自己感兴趣的文化知识，观看名校公开课、学习小技能、听名家讲座等。同时，网络对于大学生思想政治教育也是有帮助的，网络是一个信息开放共享的平台，有效利用网络宣传正面的思想，积极应用优秀的文化、思想、观念引导大学生，能增强思想政治教育的宣传力和感染力。另一方面，大学生使用媒介更多的具有娱乐性。娱乐八卦、影视剧、综艺节目成功地吸引了大学生大部分的注意力。针对大学生使用媒介的不同目的，我们应该积极引导，培养大学生提升媒介素养，选择适合自身发展的有利信息。

## 二、新媒体对大学生媒介素养形成的影响

### （一）正面影响

#### 1. 积极人际沟通与消弭时空隔阂

新媒体依托先进的数字技术快速崛起，使传播模式发生很大的改变，在改写受传者和传播者两者关系的同时，解构和颠覆了"注重传播者"的固有传播思维和模式。随着网络技术的普及，移动终端成为人们获取信息的主要手段，这给传统的高校思想政治教育工作带来不小的挑战。高校的学生群体使用最频繁的手机应用之一就是微信、QQ等即时聊天工具，它们让信息的交流更加及时，互动频率更高，并且微信朋友圈、QQ空间等也进一步满足了用户分享生活和心情的不同需求，以及充分表达自己的需要与愿望。

用户不仅能接触现实生活中的熟人，也能与陌生人相互沟通，此种超越时空的"虚拟交往"，加大了人际传播的开放性，也在一定程度上增加了多元性，大幅度缩短了现代人之间的信息传递距离。随着网络技术的发展，使用微信、开通微博、在各种平台发布内容的高校学生日益增多，并且高校学生也在这些平台上独立创作和制作文字或视频，和他人共享。高校学生通过网络表达自己的观点和情感，并借助各种网络平台形成一个虚拟世界——"现实社会"。社区空间，如百度贴吧、天涯论坛等为高校学生的个人创作提供了一个展示平台——UGC（用户原创内容 User Generated Content）模型，即用户生成的内容日渐蔚然成风。

### 2.主动获取知识与启发开放思维

我们都知道，过去的高校学生接受知识主要依靠书本与教师传授，学生只能看到和读到书本上的内容，学生只能学教师教的内容。新媒体凭借其浩瀚的信息量，吸引了当代高校学生这一潮流群体，高校学生已不满足于对书本及教师所教知识的被动接受，开始主动、积极地借助手机、电脑和其他网络终端设备等，获取更多的知识。同时，也让高校学生接触的社会生活更加广泛、便捷，这一切不断激发着高校学生开放的思维模式，并且最终将其带入空前自由的空间。

### （二）负面影响

#### 1.沉迷虚拟世界与脱离现实社会

高校学生在享受网络带来便利的同时，也被其影响着，他们对现实生活中的一些行为产生困惑或反感，甚至做出过激反应，导致人际关系紧张甚至产生严重的冲突。所以，高校学生要警醒，不可以对手机产生过度依赖，否则就会逐渐脱离现实社会，在人际交往中也可能产生障碍与隔阂。

#### 2."人人都是记者"的双刃剑

信息传播在新媒体时代的大背景下速度快于传统媒体，新媒体传播的范围、内容和大众参与程度，传统媒体是无法与其相比拟的，并且利用新媒体进行信息传播也不会受时空限制。新媒体是高校思想政治教育工作开展的一个重要阵地，它对高校学生的学习、生活产生着巨大影响，同时对高校的学生管理也有很大帮助。但是新媒体也使虚假新闻获得了更广泛的传播，高校大学生对新媒体传播中出现的各种假消息非常敏感，且部分学生无法很好地分辨信息真伪。因此，高校需要重视对学生的思想教育工作，要通过有效的手段加强对他们媒介素养的培养，提高他们对网络舆论的鉴别能力，增强其抵御不良信息侵袭的意识。

## 三、网络时代大学生媒介素养的提升策略

### （一）积极开设媒介素养思政教育方面的课程

目前，媒介素养作为全新的话题，大多数高校开展的媒介素养教育主要集中在公共选修课上。迄今为止，中国媒介素养教育的实践经验并没有充分找到适合自己的路径。在这种情况下，高校应该加强自身的媒介素质教育工作，并将其纳

入日常教学。高校学生对媒介素养教育这门学科的内涵缺少相对理性的理解。学校应设置与媒介素质教育相关的若干课程，将学生思想教育和通识教育课程巧妙地纳入学生媒介素质教育，也可加入一些和媒介素质教育方面有关的演讲、报道等。

通过相关研究调查发现，目前除新闻专业以外，国内面向学生的媒介教育尚未全面普及到其他专业领域。高校设置了和媒介素质有关的课程后，更好地为媒介素质教育课堂化提供服务，就成了对学生开展媒介素质教育的首要方式。对于已经拥有一定媒介知识的人来说，通过学习媒介素质课程来提升自己的能力是一个非常好的方法。对部分有新闻传播专业设置的院校来说，拥有一支专业师资力量，媒介素质教育可在全校范围内普及，从而逐步将媒介素质教育发展为一门必修课程。对院校来说，要想把媒介素质教育真正落到实处，需要从多方面进行努力。对不具备有关新闻专业条件的学校来说，可通过教师培训以及进修的方法，让高校自身的师资力量得到全面提升和发展，进而使媒介素质教育在其他课程领域得到普及。

与此同时，在某些课程目标的制定上，主要关注媒介机构生产和意识形态经济体制两者之间存在的关系网络，对媒介形态含义进行了深入剖析，而非媒介呈现的内容。例如，教师在相关的法律课程中，可引用媒体在某些重大案件中所起的作用，使学生在参与了部分报道后，互相探讨和沟通有关事宜，深度分析媒介带来的冲击；可以组织同学开展辩论比赛，通过辩论加深大家对于媒介的认识和理解；也可组织学生对媒介的典型人物和相关事迹进行探讨等，以媒介内容讨论为基础，合理地汲取社会的正确观念，最终使学生形成科学、正确的人生观和价值观。

### （二）营造媒介教育氛围，进行媒介素养宣传

媒介素养想要真正地走进高校，融入学生的日常学习和生活，需要一个被所有人了解并接受的过程，所以高校要充分发挥自己在传播知识与文化方面的优势，加强对媒介素养的宣传和推广。在学校开展媒介素养教育，既有利于提高学生素质，又能使他们更好地适应社会发展的需要，从而促进高校素质教育的进一步深化。

当前，在高校为宣传校园媒介素养提供的舆论阵地有很多，如报纸、社团等，它们是高校学生精神环境的重要组成部分，在学生日常学习和生活当中发挥着无可替代、潜移默化的作用。因此，高校想要强化校园媒介素养的宣传力度，必须创造一个全方位的良好校园舆论环境，灵活运用多种媒介形式与方法，创设媒介教育良好氛围。

### （三）利用大学校园资源增加媒介认知

传媒作为一种合理存在的事物，在科学技术的影响下蒸蒸日上，尤其是它的内容与灵魂，在当今高校学生的学习和生活中无处不在。目前，我国大学教育存在着忽视媒介素养培养的问题。高校校园里有各种教育和学习的工具，校园媒体作为传播文化知识以及思想政治工作的重要渠道，为当代大学生提供了丰富多样的信息来源。

高校学生能够接触和参与的媒介资源有校报、校园微博等，这些媒体均具有时效性强、互动性好、信息量大等特点，对促进大学生思想政治工作发挥着重要作用。高校要激励学生科学、合理地使用各种校园媒介资源，如开通校园微博、成立专门的校园微博管理委员会，尽可能多地让学生参与到微博的创作、管理等过程中。

### （四）媒体和校园合作，为大学生提供实践平台

媒介的实践和素养教育两者之间存在一定的关系，即双向互动，高校校园应该和大众媒介"联姻"，给学生提供更多参与实践的机会。大学生对媒体有着强烈的依赖心理。例如，传媒和校园共同推出的"校园新闻制作"比赛；媒介专业人士进入校园，对学生进行专业的辅导；大学生由拍摄到处理再到生产的整个过程都亲力亲为，最终选出优秀作品，并在媒体某个平台上播放，让学生充满成就感，也学到更多的媒介知识。另外，通过举办一系列媒介活动，大学生也可以掌握相关技能，提高自身素质。校园新闻制作、网页制作等大赛，无疑可作为媒介和校园之间最佳的合作方式。

除此之外，高校也可邀请有经验的编辑人员、主持人等进入高校，和同学面对面交流、互动，使高校学生对媒介的感性认知有所提升，在潜移默化中消除他们对媒介的陌生感。唯有如此，才不会使高校学生在媒介形式与内容上处于被动

地位，被"牵着鼻子走"，从而做一个理性的媒介消费者，而非纯粹欣赏、浏览传媒公布的消息，或只热衷新传媒给人的新鲜感受。

### （五）建立健全大学生媒介素养教育的工作机制

高校在综合考虑之后，一方面，可根据学生的实际情况，设置教育目标，并督促落实教育经费，另一方面，也可将专业从事媒介素质教育的教师引入校园，从而使师资力量得到全面提升，把高校学生媒介素质教育付诸实践，真正地落到实处。

校内各部门还应共同合作，相互配合。高校应该加大对学生媒介素养的教育力度，经常性地对新教育体系开展深度的学习和探讨。在此基础上，高校还应该建立有利于校内各个部门配合的规章流程，使之具有统一协调性，同时在财政和师资方面也应建立制度，将新媒介素质教育和学生的思政教育工作真正地落到实处，将高校学生新媒介素质教育纳入常态化的范围。

# 第五章　网络时代高校思政教育的心理健康研究

心理健康研究一直是人类关注的重要课题。本章内容为网络时代高校思政教育的心理健康研究，主要论述了网络时代高校思政教育工作者的心理素质建设和网络时代大学生的心理健康教育。

## 第一节　网络时代高校思政教育工作者的心理素质建设

### 一、网络时代思政教育工作者应具备的心理素质

#### （一）良好的认知能力

##### 1. 敏锐的观察力

思政教育者一定要有敏锐的观察力，这主要是由思政教育工作的性质所决定的，它体现在以下三个方面：第一，善闻其言；第二，善观其行；第三，善察其情。这三者之间有着密切、复杂的关系。因为所有人的想法皆是透过他们的语言、行动等展现出来的。善闻其言、善观其行、善察其情是指擅长从工作对象的言谈话语、主动与被动、喜怒哀乐的情绪表现当中，找出其思想倾向和对待某件事情的具体态度，全面认识其心理活动特点。因此，要想提高思想政治工作者的观察水平，就必须具备敏锐的观察力。敏锐的观察力也包含着对教育对象进行直接与间接的观察能力，实际上也是认识教育对象各个方面情况的一种重要手段，不可忽视。

##### 2. 较强的分析研究能力

思想政治教育者不仅应该具备对客观事物去粗取精、去伪存真的能力，还应

该具有由此及彼，由表及里，客观、综合对事物深入了解的能力。只有当思想政治教育工作者具有较强的分析研究能力时，才能准确地把握被教育者的思想动态和变化发展规律，从而提高教育效果。它主要由三部分组成，即科学分析能力、调查研究能力与理论研究能力。

科学分析能力主要指可以自觉地运用马克思主义立场、观点和方法，对两种性质不同的冲突和矛盾进行严格有效的区分，定量、定性与系统分析问题。科学分析能力是基础。

调查研究能力主要指对教育对象现状进行综合考察和研究的能力，在掌握大量事实材料的基础上，从整体着眼，把握事物运动变化过程中各方面的关系。

理论研究能力主要指对有关教育现象及教育活动客观规律的探索，可以自主地开展思政教育学科研究的能力，将理论与实践巧妙结合，促进学科快速发展。在实际工作中，分析和研究能力不强，一方面，无法抓住思政教育的规律，掌握教育主动权，另一方面，也不能进一步完善和提高思政教育工作。

3. 一定的创造力

创造力（创造能力）指以敏锐地观察、有力地分析研究为基础，充分发挥想象力和联想力，开展一系列的创造性活动。培养人的创造能力、提高人们的创造力水平是时代赋予每一个教育工作者的神圣使命。当今社会处于社会主义现代化建设新时期，需要一大批开拓型优秀人才去努力开创新时代社会主义建设局面，这就要求必须培养出一批又一批具有创造能力的优秀人才。在新形势下，怎样进一步搞好社会主义精神文明建设，思想政治教育怎样加强与改进等问题，均要求思政教育工作者在实践中不断探索、不断创新。

（二）良好的情绪和情感

1. 良好的情绪状态

良好的情绪状态表现主要包括以下三个方面，即稳定、愉快的心情，理智和意志相联系的激情，适度的应激。思想政治教育者情绪状态的好坏直接影响着教育质量的高低，对其关注不够或不重视是造成教育质量低的重要原因之一。平稳、愉悦的心态可以让人精神振奋、欢欣鼓舞、充满活力，有了这种心态的人，就算遇到再大的困难，也觉得自己能够战胜；同理智、意志有关的激情可以鼓舞人战胜艰难险阻，克服困难，攀登高峰，它是正确行为的强大力量；应激的作用是有双面性的，既有积极影响，又有消极作用。一般的应激赋予有机体特殊的防御、排险机能，可以让人精力充沛，激化活动，使人的思维和动作变得更加准确、清晰和灵敏，帮助人们解决困难，化险为夷，及时走出困境。

真实的自信心、激情乐观、保持适度焦虑是思政教育者好情绪的三个主要表现。良好的情绪状态对教育和教学有很大影响。自信是一个良好情绪状态所固有的一个关键因素；热情乐观是良好情绪状态最为直观的外化，如何保持热情乐观的情绪是思政教育者面临的重要课题之一；保持适度焦虑能提高人类活动效率，更好地执行各项紧张、繁杂的任务，它对于思想政治教育者来说同样具有十分重要的意义和作用。

2. 高尚的情感情操

教育者对教育对象要有爱。激发教育对象的教育热情，依赖于教育者的责任感和较高的教育能力，同时又因为它是由教育者在教育对象身上所投入的感情程度决定的，所有教育者需投入情感，让教育对象对教育者的真诚与率真产生较强的体会，真切地感受教育者对他们的关怀与厚爱，继而促使他们逐渐产生情感反应，并且愿意受到教育者的熏陶和教育。

应该积极培养教育者崇高的道德感、理智感与美感，以及用崇高的情感情操去感染教育对象。道德感实际上是个体严格按照社会道德行为标准，在对自己或者别人行为举止、思想言论等方面评价的时候，最终产生的一系列情感体验。理智感就是人们在评价认识活动的结果时，所获得的一种情感体验，无论是对人的求知，还是了解事物发展的具体规律，探求真理，均起到了促进人类发展的积极作用。美感是人们对事物的美进行深度的感受与体会，它使人感受美、理解美、鉴赏美等多种审美观点在头脑里相互交融，互相渗透得到升华。美感能使人精神愉快，积极向上，进一步丰富人的心理生活，同时增添人在日常生活中的情趣，从而推动人类文明的发展。培养思政教育者正确的人生观和价值观，必须注重培养他们健康、高尚的情感，即具有崇高的道德理想、美好的审美情操、坚强的意志品质等方面的情感因素。思政教育者唯有自身拥有这些崇高的感情，并致力于思政教育工作，才可以对教育对象产生影响，让教育对象受到感染，从而增强教育效果。

### （三）顽强的意志力

#### 1.一定的自制能力

自制能力（自治性）充分体现了意志抑制职能，主要指一个人善于从意志行动上对感情进行有效的控制，制约自身言行举止的品质和素质。作为一名思想教育工作者必须具备自制能力，因为思想政治教育的目的之一就是对受教育者进行思想品德方面的影响和熏陶，这种影响和熏陶主要靠学生自己去努力实现。思想教育工作者作为"人类灵魂工程师"，不仅肩负着教育人的任务，还肩负着改造和培育人的光荣使命，他们通过教育工作，让人建立崇高理想、高尚情操、优秀品质，这一任务异常困难和复杂。

思政教育者在教育、改造以及培育人的时候，要循循善诱，及时批评教育错误的行为、思想，或者对错误的行为、思想采取组织上必要的措施。因此，思政教育者必须掌握和运用一定的策略与技巧来进行自我调节。若自制能力比较差，无法坚持正确态度和做法，便无法达到预期的目标；如果意气用事，就无法沉着应对，还会导致矛盾激化。所以，为了更好地开展思政教育工作，思政教育工作者一定要在自制方面有较强的能力。

#### 2.顽强的工作意志

思政教育难度大，需要思政教育工作者有坚韧不拔的工作意志，即通常所说的"以理服人"和"以情服人"。坚韧不拔的工作意志，源于对自己所干职业的忠心和忠诚，从科学世界观出发，从全心全意为人民服务的人生价值取向出发，将意志的自觉性、果断性和坚韧性表现出来。

有了意志自觉性，人们才会有意识地独立自主、积极掌握并规范调节自身的行为，为了达到预定目的投入所有的激情与力量。坚强的工作意志是在长期的实践过程中逐步形成的，具有相对稳定特征的一种心理品质。即使遇到阻碍与风险，也可以不屈不挠地排除一切困难，奋勇前进，这种品格就是坚强的意志。这一品质体现了个体坚定的立场与信念，始终贯穿和渗透意志行动。

意志之果断性，指人们辨别是非，适时采取最终决断，实施决断的重要品质；所谓适时指的是要即刻采取行动，当机立断，另外当不用立即采取必要行动，也没有形势变化的时候，又可以马上停止实施，或者对已经作出的决策进行变更。果断性具有强烈的目的性和坚定性，是一种意志品质。果断性的前提是大胆周密，它集个人的聪敏、知识、机智于一身。

意志之坚韧性，指人们对意志行动所具有的坚决意志，凭着旺盛的体力，顽强的意志，百折不挠地克服一切困难，快速达到预定目的的品质。意志坚强的一个突出表现是长时间坚持决策，意志坚韧的人擅长对与行动目的不符之主客观诱因干扰进行抵制，一方面，可以顺利地完成任务，另一方面，不计个人得失，即便是再枯燥也不会中途放弃工作，力求取得优异的成绩。

#### （四）健全的人格

健全的人格源于科学的世界观、人生观、价值观。

思想的核心层次一共包括三个方面，分别是人生观、价值观以及世界观，同时它们还是人格形成过程中最核心的要素。人生观是一个人对人生目的、人生价值的基本观点以及持有的人生态度。人生目标主要回答和解决的问题是"人活着的原因是什么"，人生价值主要回答和解决的问题是"人是如何活着的"。价值观则是指人们在认识与评价各种事物与现象价值时所持有的基本观点与想法。一个人要成为什么样的人，不仅要看他有没有正确的世界观和人生观，更重要的还得看他是不是具有高尚的道德情操，是否具备坚定美好的理想与信念。现实生活中各个方面均普遍存在价值问题，不管是在人们的日常学习、生活，还是在社会的文化、经济等多个领域都存在。因此，研究价值观具有重要意义。就价值观而言，核心问题是价值评价，它指的是人们对客观世界或主体自身是否符合自己需要而作出的一种选择。价值评价是人对客观事物、客观现象持有的一种选择性和比较性评价，也就是判断客观事物是否有价以及判断价值大小。价值标准是指人们对某种客体或对象是否符合自己需要而作出的肯定与否定的判断。人在价值评价的过程中，所持准则与尺度即价值准则。价值标准是反映价值关系的准则或依据，也就是衡量价值优劣与否的准绳。所持标准不一，构成的价值目标也不相同。价值目标是个人或社会为达到某种特定目的制定的具体要求和准则，也是人们活动行为的终极目标，它渗透在人类的全部活动与行为中，并且成为某种行动、事件的动机。人生观、价值观作为社会成员共同追求的理想人格，是对人生意义及其发展规律的认识与把握，它反映着人类的精神需求。人生观、价值观是以人们的世界观为导向产生的。世界观是一个人对世界最基本的认识、见解的总和，其中人的历史观、社会观等都属该范畴。人生观是世界观对人生问题的灵活应用，世界观对人生观有着重要的决定性作用。人生观是一种价值取向，它反映人们对人生意义、目的、前途等方面的基本态度，是人们关于自身存在的性质及如何实现这种存在方式的思想方法。价值观决定人的思想行为方式及其活动结果，从而也影响到整个社会系统的运行与发展。价值观以世界观和人生观作为根本和基础，具备怎样的世界观、人生观，便产生了怎样的价值观。价值观作为一个民族或国家的精神气质，反映着这个民族或国家的文化传统及价值取向。人生观、价值观和人的心理发展息息相关，是一个人心理发展的关键舵手，它为人的心理发展指明正确的方向，并且对心理发展提供最基本的原动力。一个人如果没有正确的人生观和价值观，那么他的行为必然偏离正常轨道，甚至做出违法犯罪行为。思政教育工作者唯有树立起科学、正确的世界观、人生观和价值观，才能够使人格趋于完善和完整。

### （五）网络心理调适能力

#### 1. 对自己网络心理的驾驭能力

众所周知，网络信息储存量非常巨大，对人们来说也有很大的吸引力。现代思政教育工作者不仅要意志坚强，还要有良好的情绪素养和高水平的认知能力，只有这样才能驾驭好自身网络心理，恰当合理地利用网络现代社会思政教育工作载体，继续充实和丰富自身的学识，对自身的知识结构进行持续地优化，切实做好思政教育工作。

#### 2. 对受教育者网络心理的调适能力

受教育者的不良网络心理，会在一定程度上对思政教育带来一系列的消极影响，因此现代思政教育工作者，应该在综合思考以后从受教育者的实际情况出发，对其网络心理需求进行有效的疏导，从而不断增强思政教育的导向性；根据网络心理需求满足的自主性，增强思想政治教育的吸引力。网络认知心理过程的动力是网络需求，情绪情感是网络认知过程的调节因素，而网络认知效果的提高则与人的意志和思维模式有着密切的联系。现代思想政治教育要针对网络认知的心理特点，提高网络受众的思想理论学习需求与道德需要，强化网络认知的动力；解决信息超载问题，将网络认知的目标全部集中起来。

## 二、网络时代思政教育工作者心理素质的改善和提高

改善和提高思想政治教育工作者心理素质的途径是多方面的，但是，基本包括外因的促进即教育、培训和内因的修炼即自我修养两个方面。外因是变化的条件，内因是变化的根据，外因通过内因而起作用。这里着重探讨思想政治教育者心理素质内因的修炼途径。

### （一）先天素质是良好心理素质形成的基础

先天素质，是指人生下来就具有的解剖生理方面的特点，主要包括神经系统、脑的特点和感觉器官、运动器官方面的特点。先天素质也叫天资，它是能力形成发展的前提。先天素质的某些特点有利于某种心理素质的形成和发展。例如，异常敏锐的嗅觉属于先天素质，这种素质对配制香料的工程技术人员的心理素质能力发展有一定影响，具有这种素质的人比不具有这种素质的人更容易发展相应的感知觉能力。高级神经活动类型是心理素质的重要组成部分，它的不同类型有利于不同心理素质和能力的形成和发展。

事实说明，先天素质对于心理素质的形成和发展所起的作用是不能否认的。思想政治教育者能力的形成和发展也离不开先天素质这个自然前提。但是，不能把先天素质的作用夸大到不适当的程度。因为良好的先天素质只是为心理素质和能力的形成和发展提供了可能性，要把这种可能变成现实，还需要其他方面的条件。

### （二）学习和实践是心理素质改善的决定条件

心理学研究表明，知识与能力有十分密切的关系。对任何一个人来说，学习和掌握知识都是培养能力的关键，不仅能启迪智慧，促进智力的发展，而且在活动中能为提高效率起直接定向工具的作用。正因为知识有这样重要的作用，所以没有任何力量比知识更强大，用知识武装起来的人是不可战胜的。一个人要想掌握丰富的知识，接受一定的教育是必要的，且获取知识的主要途径是自学。研究表明，即使接受过高等教育的人，从学校学到的知识，仅占一生中获得知识的十分之一。思想教育工作者要做好本职工作，培养卓越的思想教育能力，坚定地走刻苦自学的道路。只有经过长期的辛勤耕耘，在知识园里博采百花，才可以酿造出滋养人心灵的蜜汁。

首先，思想政治教育工作者要学习前人的优秀文化成果和经验。读史使人明志，读诗使人聪慧，演算使人精密，哲理使人深刻，伦理学使人有修养，逻辑修辞使人长于思辨，思想政治教育者必须善于学习，刻苦读书，特别是要认真学习和研究马克思、恩格斯、列宁、斯大林和毛泽东等无产阶级领袖的经典著作，因为它们能为无产阶级提供观察和处理问题的立场、观点、方法，对人们认识、改造世界有巨大的指导作用，同时能加强人们工作中的原则性、系统性、预见性、创造性。只有用人类创造的全部知识财富来丰富自己的头脑，才能成为既有扎实的马克思主义理论修养，又有广博知识的思想政治教育者。

其次，思想政治教育工作者要向现实学习，向社会学习。现实和社会是丰富多彩的，新思想、新理论、新知识、新观念、新事物层出不穷。思想政治教育工作者要关心现实，多接触社会，多接触实际，改变旧思想、旧观念。要到创造新生活的群众中，到不断发展变化的现实生活中，吸取现实生活中涌现出来的思想智慧和知识成果。要认真学习党的方针、政策，吸取马克思主义发展中的新成果。同时，还要广泛联系群众，特别是自己的教育对象，掌握他们的思想脉搏，从他们身上吸取养料，使自己不脱离社会、不脱离群众，既紧跟时代的发展步伐，又使思想政治教育能够理论联系实际。

再次，思想政治教育工作者要吸取国外优秀的文化知识。思想政治教育要贯彻"面向世界、面向未来、面向现代化"的方针，了解世界动向和思潮，吸取世界各国对自己有用的知识，特别是世界各国思想政治教育和现代管理方面的知识，从而使自己的视野更开阔，高瞻远瞩。此外，随着现代社会进入网络社会，思想政治教育工作者必须学习现代科学技术和网络知识，以适应网络社会思想政治教育的需要。

最后，思想政治教育工作者还必须加强实践，参加社会实践就是将学习的东西通过思考和加工，运用于实际工作。这既是指导实践的过程，也是接受实践检验、进一步修正、充实自己的过程。如果不把学习的理论、知识和思考的结果放到实践中体验和检验，那就不是唯物主义者。实践就是接受群众的检验。实践时特别要注意以下几点。一是应亲自参加实践。社会实践活动是一个历史发展过程，政治教育工作者要想求得知识的真切、全面，必须不断参加社会实践。蜻蜓点水式的实践是不会有多大收获的。二是实践应有计划、有目的。从事实践活动之前，应根据教育要求和教育对象的思想实际，选准目标，规划实践的课题内容，提出实践活动的具体要求，并且在每一个环节进行考察、分析，以便找出成功或失败的原因。

### （三）自我修养是心理素质提高的根本途径

自我修养就是自我教育、自我提高。为什么在同样的环境和条件下，不同的人进步有快有慢，素质有高有低？原因是多方面的，其中很重要的原因，就是能否注意自我修养。自我修养的过程，就是思想政治教育者政治觉悟、理论知识、思想水平、工作能力逐步提高的过程。如果把它作为一个运动的系统，其主要环节包括学习、内省、体验、提高。

首要步骤是学习，之后在头脑当中思考和加工所学的知识。自己只有独立的深度思考之后，理论知识才会成为属于自己的东西，形成并转化成自己的看法、才能以及知识。思考事实上是人固有的内在思想矛盾运动，也就是深入分析和研究，充分吸收和转化从外界汲取的养料的过程。

把学习吸取来的知识改造成为自己的东西时，要注意多思考，即要注意把理论与实际、书本知识与现状很好地结合起来，才能做到去粗取精、去伪存真、由此及彼、由表及里，这样不会把吸取来的东西当成教条，而是把它用于实践，从而提高自己分析、综合的能力。在这个过程中，还要注意不断反思，并用自己的认识指导自己行动，即按照思想政治教育者应当具备的素质要求，反复进行对照、检查，找出差距和不足。

在思考过程中，除了需要分析、消化学习的东西外，还要加强对自己品德的修养，做到即使在个人独立工作、无人监督的时候也能够"慎独"。体验良好的思想心理素质，并将它上升为自己的行为准则，长此以往，就能形成良好作风。

总之，学习、思考、实践、总结是思想政治教育工作者进行自身修养过程中的四个主要环节，这四个环节互相联系，互相影响，缺一不可。在现实生活中，这四者是互相交织、无限循环的，只有全面掌握这四个环节，才能不断进步。任何一个思想政治教育工作者，都不是在具备了极好的素质修养后才去从事思想政治教育的，他们在具体实践的过程中一边工作一边学习，持续性地进步和提高。正是因为如此，任何一个注重自身修养的思政教育工作者，必然会通过不同的方式和手段不断提高心理素质，争取做一个称职的、优秀的思政教育工作者。

# 第二节　网络时代大学生的心理健康教育

## 一、网络时代大学生心理健康教育与思政教育的关系

虽然网络思想政治教育与传统思想政治教育有明显不同，但从本质上看，其教育目标、教育的核心任务、教育的基本内容是相同的，网络思想政治教育是传统思想政治教育在信息社会中的拓展和延伸，因此，不论是从"思想"与"心理"的关系看，还是从思想政治教育的基本内容看，网络心理健康教育都是网络思想政治教育的题中之意。

### （一）从"思想"与"心理"的关系看

思想主要以"观念"形式表现，如世界观、人生观、价值观等，属于社会意识形态范畴，而心理的表现形式有感觉、知觉、注意、情绪、情感、兴趣、性格等，是个体在生理基础上的心理精神状况，不属于社会意识形态范畴[①]。不管是心理，还是思想，其实都是人类的人脑机能，也是人类对客观现实主观、能动的进一步反映，所以两者之间存在着不可分割的密切相关性。

站在思想形成的层面看，思想产生的根源和基础是心理，同时它也是心理发展的升华，两者既有区别，又有联系。人们以实践为基础认识客观物质世界，其实就是一个实践的过程，在这一过程当中，人们最先得到的就是感觉，感觉经过大量经验的积累，最终发展成知觉，知觉经过分析比较后把对象区分出不同种类或性质的属性，然后将这些属性按各自所具有的特点加以分类储存于大脑之中。感知信息会在人们的脑海里产生印象，保存起来，如果需要就会及时复现。因此，人的心理材料就成为人们思想形成的重要来源之一。当心理材料积累到一定程度的时候就会在心理方面进行思维的深加工，从而最终形成人的思想和观念，真正认识和理解客观事物的本质与存在的规律。

就心理发展而言，思想稳定之根本为心理，并且它还是心理发展的重要调节中枢。因此，研究人的思想就必须研究人的心理现象，要想弄清人的心理问题就要先弄清楚人的意识。培养正确思想的心理因素主要包括以下三个方面：第一，坚强的意志品质；第二，良好的情感体验与感受；第三，合理的认识结构。思想

---

① 李红苹.高校学生思想政治工作思维模式研究[D].武汉：华中师范大学，2012.

是人的精神产品之一，它在人脑中反映为概念系统、思维方式及相应行为模式，又在心理上具有调节功能与支配功能。思想一旦形成并得到有效控制，就会成为一种具有强大约束力的力量，使人们自觉地按照预定目标去行动。思维必须且必然能支配认识活动，驾驭感情波动变化的幅度和方向，明确调整的动机目标和最终的意志指向。思想在人的心理中占据着极其重要的位置，直接影响到人的行为方式及思维定式。思维还具有调节中枢的功能。在实际的社会生活中，人的行为总是受到思想的支配，若心理离开正确的思想支配，便会迷失方向，走上错误的道路。

### （二）从思想政治教育的内容看

思政教育具有非常丰富的内容与内涵。一个人的思想素质如何，在很大程度上取决于他的心理素质。从思政教育基本内容体系来看，它包含多个学科领域，如心理教育、政治教育等，并且该体系还会随着时代的发展持续地优化、改进、完善以及创新。道德是对人社会生活及其规律所作的高度概括，也就是做人之本，是人们改造客观世界与主观意识相统一的行为规范。思想教育以方法论与世界观为主，包括创新精神教育、艰苦奋斗精神教育等。思想教育在为政治、法纪、心理以及道德教育提供方法论和世界观基础的同时，也为这四种教育提供重要的价值理念支撑。

政治的理想、观点、方法等是政治教育的主要内容，包括理想信念教育、基本纲领教育等。政治教育是思政教育基本性质的集中体现，其中思想教育占据基础性的关键地位。道德法纪教育是开展行为规范的教育，以开展社会主义道德与社会主义民主、法制和纪律等方面教育为主，在推动受教育者素质全面提升中具有基础性地位，道德法纪教育在思政教育当中是重要的保障性内容，有着非常特殊的意义和作用。

### （三）网络心理健康教育与网络思政道德法纪教育的联系

网络心理健康教育与网络思想政治道德法纪教育之间的联系主要表现在以下方面。

1. 总目标的一致性

网络思想政治道德法纪教育是思想政治教育工作在网络社会借助网络技术，

用道德法纪、思想观念等，与社会全面发展相符合的思政内容，广泛影响学生网民，其目的是通过教育使广大学生具有正确的人生观、世界观和价值观，培养社会主义现代化建设所需要的"四有"新人。网络心理健康教育注重提高学生的心理素质，促进学生的心理健康，促使学生形成良好的有利于自身成长和社会发展的积极心态，从而让教育对象在心理方面摆脱亚健康的状态，对潜在品质培养的同时，也快速培养积极的情绪，从而让人格更加全面、健康、有序地发展。因此，无论是网络思想政治道德法纪教育还是网络心理健康教育，都是以"人"的全面发展为其价值追求的，在目标上是一致的，即培养身心全面发展的人才，提高学生的综合素质。

2.教育内容的互渗性

网络思想政治道德法纪教育比较注重思想方面，网络心理健康教育强调要注重人的心理健康发展，而人的思想和心理常常是互相影响、不能分割的，在教育中，这两类教育也不能彻底地分割开来。学生想要拥有健康的心理状态，就需要有良好的思想品德，因此，网络心理健康教育中要渗透思想政治法纪教育的内容，以帮助学生提高心理健康水平。网络心理健康教育又是网络思想政治道德法纪教育有效开展的重要保证。学生具备了良好的心理素质，才能更有效地接受思想政治法纪教育，如在道德教育中，人们开展道德认知、道德情感、道德意志、道德行为的教育就渗透着心理方面的内容。

3.教育方法的互鉴性

学生行为问题主要源于心理问题，并且学生的心理问题始终与道德问题有着密切的联系。道德法纪是思想道德建设的重要组成部分。因此借助不同的手段解决学生不良习惯问题，将心理健康教育技术与思政道德法纪教育方法相结合并且灵活运用是非常必要的，有助于思政教育工作者建立正确的人生观、价值观以及世界观，塑造正确、科学的自我认知。

思政道德法纪教育在开展网络心理健康教育与心理咨询的进程中，介入在所难免。心理健康教育相对于思想政治道德法纪教育而言，方法更柔合，更容易被教育对象接受，效果也更加明显。因此，将心理健康教育理念与方法融入思想政治道德法纪教育，更容易使教育者与受教育者在心理上、情感上产生共鸣，营造和谐、友善的关系，提高思想政治道德法纪教育的效果。

4. 实践工作的互助性

正确的思想观念得以确立的根本是健康的心理状态，同时健康的心理状态更是具有良好社会行为的先决条件，只有增强学生在心理方面的综合素质，才可以使其更好地认识思政道德法纪教育工作的重要性。它可以从心理疏导、情感沟通、自我认知等方面对学生进行引导和提供帮助，从而促进高校学生良好心理品质和人格形成。在新形势下，全面贯彻党的教育方针，切实加强和改进高校学生的心理健康教育，积极推进素质教育的诸多重大措施，是促进和推动高校学生健康成长，以及全面造就高素质合格人才的一条重要途径，也是当前高校学生思想政治教育工作中一个不可忽视的关键任务，网络思想政治道德法纪教育对心理健康教育具有正确的价值导向。

### （四）网络心理健康教育与网络思政道德法纪教育的区别

1. 理论基础上存在差异

网络思想政治道德法纪教育以马克思列宁主义、毛泽东思想与中国特色社会主义理论体系、伦理学、法理学以及思想政治教育学原理为理论支撑，旨在帮助学生树立科学的世界观、人生观和价值观。

网络心理健康教育虽然在马克思列宁主义、毛泽东思想与中国特色社会主义理论体系指导下进行，但是，它以心理学理论、精神医学理论、心理咨询的理论与方法、教育学理论为依托，旨在提高学生心理素质，促进其人格的健全发展。

2. 具体目标上存在差异

网络思想政治道德法纪教育主要是从社会层面出发，由社会或社会群体用一定的思想观念、政治观点、道德规范、法律意识对其成员施加有目的、有计划、有组织的影响，使他们形成符合一定社会、一定阶级所需要的思想品德、法纪观念的社会实践活动。

网络心理健康教育则主要从个人层面出发，是帮助人们预防和消除心理障碍、开发心理潜能、提高心理素质、促进心理健康的教育活动。

3. 教育与工作内容上存在差异

网络思想政治道德法纪教育在马克思主义指导下，力图将学生培养成有理想、有道德、有文化、有纪律的社会主义国家公民，具有鲜明的政治性。其教育和工作内容是政治理论、思想道德修养、法律法规等。

网络心理健康教育注重帮助学生学会应对生活压力、缓解消极情绪、完善积极人格、提高生活质量，促进个体的健康成长和潜能开发。网络心理健康教育的工作内容包括积极和消极两个方面，积极方面是普及心理学知识、培养良好的心理素质、促进全面发展，消极方面缺乏判断个体心理状况的相应标准，不能对个体心理状态作出准确评估、缺少合适的沟通和疏导方式、把心理状态不达标的个体视作病人强制接收心理治疗，引起他人的疏远等。

## 二、网络时代大学生心理健康教育存在的问题

### （一）缺少对大学生上网的引导

大学生心理并不成熟，对网络信息的鉴别能力比较差，三观容易受到不良信息的影响，对于网络上良莠不齐的信息、一些极端的观点言论没有判断力。这种情况下，就很容易导致大学生出现心理健康方面的问题。大学生没有良好的上网行为，对于网络的认识不够全面客观，这容易导致大学生出现盲从等情况，产生一些心理健康问题。

### （二）心理健康教育模式单一

目前，高校大学生心理健康教育模式单一的问题比较突出，虽然心理咨询室成为高校的标配，但是这些心理咨询室所发挥的作用十分有限，工作模式就是等待有心理问题的学生上门去咨询。这样的工作模式自然无法得到认可，难以达到预期效果，能够帮助到有心理问题的大学生数量有限。单纯的咨询交谈模式导致大部分大学生无法受到相应的心理健康教育。高校开展的心理健康教育方面的文娱活动、社团活动等比较少，大部分大学生难以获取心理健康教育方面的知识。

### （三）网络心理健康教育平台缺失

目前高校在网络心理健康教育平台建设方面普遍存在缺失的问题，高校对于网络心理健康教育平台的搭建重视不足，没有充分认识到网络心理健康教育平台的优势，缺少对网络心理健康疏导价值的认识。很多大学生在网络上难以获得心理健康方面的帮助。

## 三、网络时代大学生心理健康教育的策略

### （一）帮助大学生树立正确的网络观念

网络时代大学生心理健康教育模式创新的关键点在于大学生需要树立正确的网络观念，规范自身的上网行为，提升自身对于网络信息的鉴别能力，增强自身对于不良网络思想的侵蚀能力，这样才能在享受网络带来的便利的同时，减少心理健康方面的问题。大学生正确网络观念的形成需要高校给予相应的引导，高校需要开展相关讲座、组织相关活动，让大学生学会如何去区别虚假的、极端的、负面的网络信息，学会控制自己的上网时间，养成良好的上网行为，从而最大限度地降低网络给大学生心理健康所带来的伤害。

### （二）探索建立网络心理健康疏导机制

当前大学生就业压力很大，同时也面临着学习压力，还有各种生活、情感方面的问题，出现一些心理问题在所难免，关键是要建立起快速有效的情绪疏导机制。考虑到很多大学生不愿意到心理咨询室进行心理疏导，可以通过建立网络心理咨询室的办法来进行大学生负面情绪的疏导，大学生可以采取匿名方式，可以通过文字进行交流，也可以通过远程互动进行沟通，这有助于大学生卸下心理包袱，畅所欲言，同时也有利于提升心理疏导的效果。另外就是探索网络心理健康疏导机制方面，需要注意创新疏导模式，这要求心理健康疏导人员需要掌握疏导技巧，营造良好沟通氛围，真正做到了解大学生心理健康问题的所在，从而对症下药进行疏导，提升疏导效果。

### （三）完善网络心理健康教育平台

高校需要建立完善的网络心理健康教育平台，为大学生提供一个便捷的心理健康教育平台，通过这一平台为大学生提供心理健康教育方面的知识及帮助。高校可以设立网络心理咨询室，在规定的时间内给大学生提供心理帮助。网络心理教育平台也可以制作、转载一些心理健康教育方面的文章，开展一些心理健康教育方面的网络活动，通过各种形式让大学生获得心理健康方面的教育，减少大学生出现心理健康问题的概率。

# 第六章 网络时代高校思政教育教学的创新理论和移动平台

网络时代高校思想政治教育教学的创新实践需要创新理论做支撑，本章内容为网络时代高校思政教育教学的创新理论和移动平台，对网络时代高校思政教育教学的创新理论和网络时代高校思政教育教学的移动平台进行了分析。

## 第一节 网络时代高校思政教育教学的创新理论

### 一、网络时代高校思政教育理念创新

大学生思想政治教育系统中，最为关键的内容就是大学生思想政治教育理念，教育理念的创新不是空中楼阁，其具有深刻的思想基础和现实背景。马克思主义理论是大学生思想政治教育的根本基础，大学生思想政治教育理念创新的理论基础是毛泽东思想、邓小平理论、"三个代表"重要思想、科学发展观和习近平新时代中国特色社会主义思想。在新媒体不断发展的背景下，人们的思想也发生了变化，产生了多元化的趋势。大学生是社会中的一个重要群体，其思想变化也会受到环境的影响。在当代社会，大学生的价值观念和道德观念都受到了社会环境的影响，产生了较大的变化，从而给大学生思想政治教育工作带来了挑战，大学生思想政治教育应该从这一变化入手，更新过去传统的教育观念，确立起新的观念和教育思想。大学生思想政治教育工作者应该跟随时代发展的浪潮，积极拥抱新媒体环境，从而提升自己的教学水平和教学能力，更新思想政治教育的教学内容和教学方式。

### （一）树立"一切为了学生的发展"理念

在未来社会中，每个人都在追求个人的全面、自由发展，这种学生的发展模式将成为社会发展的根本动力。学生最重要的任务是学习，实现个人的发展是学生最根本的利益所在。教育最根本的任务是发展，也就是要促进学生的个人发展。学生不仅是学校思想政治教育的主要参加者，也是思想政治教育开展的实施对象。学生不仅是教学开展的目的，也是教学开展的根本任务。没有学生，教育也就无从谈起。"一切为了学生的发展"是开展教育活动之前要树立的根本理念，不仅要鞭策学生、鼓舞学生、引导学生、教育学生，同时也要帮助学生、关心学生、理解学生、尊重学生。当前在学生群体中，有三个最主要的问题：教师帮扶下能够解决的具体实际问题；养成教育能够解决的行为养成问题；思想政治理论教育能够解决的是非不够清楚问题。以上这三类思想的问题之间并没有十分明确的界限，但都是需要依靠服务、管理、教育这三个关键因素进行处理。服务是拓展、管理是保障、教育是内核，这三个因素必须结合起来才能够解决教育过程中的问题。虽然目前在高校中的教育和管理已经得到了较好的实践证明，但是高校中的服务内容还有发展的空间。高校教师要尊重学生的个性和性格，为学生的个人发展提供环境，从而实现学生的健康成长目标。教育的人文关怀和道德情感都在"一切为了学生的发展"理念中体现得淋漓尽致。中华文明源远流长，中华民族具有乐善好施、扶危济困、忠信豪爽、淳朴善良等多种美德。教育不仅能够将中华民族的美德传递给下一代人，还能够提升学生的个人品德，教育工作者要用自己宽广的胸怀包容学生，积极引导学生发展个人的能力与品行，不仅能够实现学生个人的发展，还能够实现中华民族精神的接续发展。教师在帮助学生时，要发自内心地帮助学生，在情感上给予学生真正的支持，只有让学生树立起对教师的信任，教师的思想政治教育才能够达到真正的效果，使思想政治教育充满发展和创新的活力。

### （二）树立教育与自我教育相结合的理念

这一理念就是实现教育和自我教育的有机统一，不仅让教育发挥领先的带领作用，学生的个人积极性也能够被带动起来。我国著名教育家叶圣陶认为，不教育是教育活动开展的真正目的；苏联著名教育家苏霍姆林斯基也认为，教育的最终目标是实现自我的教育①。在教育走向自我教育的过程中，受教育者的主体性也得到了充分的发挥。自我教育由受教育者自己主动开展，并将自己的个人发展过程作为教育对象，在个人的主观努力下，实现自我的发展和完善，自我教育需要受教育者在高度自觉的状态下才能够得以实施和开展。为了实现自我教育和教育的有机统一，高校教师不仅要在课堂上做好学生的外部教育，同时也要提醒学生重视自我教育；教师和学生之间不仅要有严肃的学术气氛，还要有欢快的互动教育；不仅要以身作则，还要做好引导性工作，启发学生的思维。尤其是在网络思想政治教育不断发展的今天，学生一定要接受教师的引导，同时学生要学会自我教育，避免因环境的影响使自己走向错误的发展之路。

### （三）树立开放教育的理念

高校思想政治教育工作在过去都是按照党和国家要求开展的，并结合当时的社会背景以及社会主旋律。传统的高校思想政治教育工作采用灌输为主的教育方法。在过去的社会中，这种教育方法是能够符合学生个人和社会发展需要的，但是信息时代的到来对大学生的思想政治教育提出了一定的挑战。在过去，大学生还没有接触爆炸式的信息，而到了当代社会，迎来了文化全球化、政治全球化、经济全球化的时代，网络环境日渐复杂，"00后"大学生的思维模式和思想内容发生了巨大的变化，传统的思想政治教育模式也应该进行一定的创新和变革，只有高校思想政治教育主动走向开放，学生们才能够主动接受思想政治课程的教育内容。在当前复杂的网络环境下，开放式的思想政治教育形式具有天然的优势，和过去的封闭思想政治教育相比，开放式的思想政治教育形式更为多样，更加符合学生的思想状况。从社会发展的大方向上看，高校思想政治教育必然会打破封闭的状态，逐渐走向开放的局面。新时期，思想政治教育工作者们要从社会发展中吸取教育经验，不断拓宽思想政治教育的眼界和思维。在更新教育理念的过程中，思想政治教育工作者一定要明确主导性与多样性、传统性与现代性、民族性与世界性之间的关系，在继承发展的基础上不断创新。

### （四）树立平等互动与疏通引导相结合的理念

在新媒体环境下，思想政治教育过程有了新的特征，那就是平等的沟通和互

---

① 杨杰，罗骏.高校思政类公众号"四史"宣传教育影响力研究[J].高校辅导员学刊，2022，14（01）：75.

动。在使用新媒体开展思想政治教育活动时，教师和学生自然而然地形成了平等交流的关系，不仅达到了信息互动的目的，教育者和被教育者的位置也实现了互换，从而使双方在情感上实现了平等地位的交流。高校思想政治教育始终要坚持疏通引导的重要原则，教育工作者应该发挥教育引导的主动作用，坚持自己的教育观念和思想，用自己的正能量影响学生、带动学生，引导和疏通相互结合。比如，学校校园中发生了重大事故，学校论坛上讨论的声量会在极短的时间内激增，论坛上有的言论是真实的，有的言论是虚假的，但是正面和负面的言论都会快速地扩散开来，引导着学生的思维，甚至可能会激化学生与学生、学生与学校、学生与社会的矛盾。在这种环境下，思想政治教育工作者要尊重学生的表达自由，在适当的时机和适当的环境，对学生加以引导，会达到事半功倍的效果。学生在表达自己观点的过程中，往往会展露真实的自我想法，思想政治教育工作者能够以这一想法为突破口，打开学生的心扉，与学生进行平等的交流，实现有效的思想政治教育，促使学生树立正确的思想观念，提升学生的思想和认知水平。

## 二、网络时代高校思政教育内容创新

在互联网快速发展的背景下，大学生思想政治教育不仅获得了新的发展源泉，同时也遭受了新媒体复杂环境的猛烈冲击。在这种前提下，大学生思想政治教育应该针对大学生的思想变化加以完善和创新，从而充实思想政治教育的内涵，创新大学生思想政治教育的开展形式。

### （一）注重内容的时效性

网络时代，信息的数量和更新速度非常之快。大学生作为新媒体的广泛使用者和有力推动者，对新媒体的关注是很紧密的。新媒体的便捷性使大学生随时随地都可以上网浏览信息，关注国际发展动态、国内外热点问题和焦点问题、突发事件、娱乐八卦等，他们接受各种信息，享受着信息快餐。传统的思想政治教育工作中，思想政治教育者大多是按照教学大纲提前准备好教学内容，备课的内容大多是照本宣科，所用的例证也经常是老生常谈，听上去乏味枯燥，容易让大学生对思想政治教育产生抵触情绪。在新的网络环境下，高校的思想政治教育工作者应该顺应社会发展潮流，及时更新自己的教育思想。新媒体环境为大学生思想政治教育提供了丰富的课程素材，世界范围的新闻都能够为思想政治教育工作者所用，从而丰富思想政治教育的课程内容。思想政治教育工作者应该对这些新闻加以总结，并将其和思想政治教育理论结合在一起，从而充分调动学生的积极性，营造良好的教学氛围，提升思想政治教育的教学效果。

### （二）注重内容指导性

在新媒体环境下，各种信息在网上传播，暴力、迷信、诈骗等信息也在网上迅速蔓延，防不胜防，这很容易对涉世未深的大学生产生不利影响。大学生由于自身知识储备和社会经验的欠缺，很难科学地分析和判断信息的真假，容易被所看到的信息迷惑，产生错位的认识和思想，这对大学生的成长是极为不利的。而且在互联网中，不同国家和民族的观点不断交织和碰撞，为大学生展现了多元的信息内容。大学生的价值观、人生观、世界观还未完全形成，还没完全具备辨别虚假消息的能力，这样无疑会对大学生原有的思想观念、价值取向产生冲击。因此，他们特别需要正确的思想引导。大学生思想政治教育工作者对此应该积极响应，提供正确的指导，培育当代大学生正确的价值判断和理想信念。坚持用社会主义先进文化引领网络文化的前进方向，优化新媒体环境下的文化环境。现阶段，思想政治教育工作应该加大对社会主义核心价值观的传播，发挥思想政治教育的主流引领作用，加强大学生分辨、抵制有害信息的能力。

### （三）注重内容的服务性

思想政治教育是塑造人、教育人的。因此，思想政治教育的内容就应该是为人服务的，大学生思想政治教育的内容就应该是为大学生的成长与成才服务的。新媒体时代，新媒体既给大学生的生活学习、生活方式和思维方式等方面带来了积极的影响，也给大学生的生活学习带来了一些不利的影响，使他们对现实社会产生了困惑。思想政治教育者在选择思想政治教育内容时，应该从当代大学生的实际需要和困惑入手，选择与他们实际生活相关的内容，真正为学生们的成长服务。如果思想政治教育仅使用课本上的理论知识为学生们讲解，学生们很难和自己日常生活距离较远的事件产生情感上的共鸣，甚至还有可能对思想政治教育内容产生厌烦情绪，达到教育效果也就无从谈起了。每一个大学生都是独立的个体，都有自己的个性和特征，如果想要思想政治教育内容被所有学生接受，教育工作者就必须深入学生的生活中，用新媒体的技术手段将学生的个人思维和思想政治教育紧密联系在一起，在充分了解学生情感状况、就业需求、思想动态、生活困惑的基础上，为学生创造良好的学习和生活环境，解决学生个人学习和生活上的问题。根据学生个人的实际情况，开展思想政治教育，让学生自觉主动地接受思想政治教育，不断提升思想政治教育的效果；在当前主流思想的影响下，总结出大学生思想的共性问题，在科学合理地分析之后，帮助学生树立正确的三观，并敦促学生为社会主义事业而奋斗。

## 三、网络时代高校思政教育方法创新

### （一）新媒体对思政教育方法运用的影响

教育工作者在开展思想政治教育时，通常会采用思想政治教育的教学方法，这一教学方法中不仅包括了提升受教育者思想品德的思想方法，也包括了工作方法。客观性和辩证性是思想政治教育方法最主要的两个特点。主体所处的客观条件决定了主体的个人需要和个人目的，教学的方法和相关的客体也存在一定的联系，采用的方法必须和客体的情况相适应。对象的多样性决定了方法的多样性。思想政治教育方法会随着环境的变化而发展，产生的不同方法会相互影响。思想政治教育环境是思想政治教育方法得以运用的前提条件，在环境的快速发展和转变下，思想政治教育方法也得到了创新和发展。新媒体对社会生活产生了较大的影响，思想政治教育也具有了新媒体时代性和开放性的特征。所以思想政治教育方法也要与时俱进，不断进行创新。但是新媒体环境也为思想政治教育方法带来了使用层面的挑战。

1. 积极影响

（1）新媒体具有丰富的种类和形式，不仅拓展了思想政治教育方法使用的空间，也提升了思想政治教育方法使用的实际效果。

（2）新媒体影响的范围较广，提升了思想政治教育方法覆盖的群体层面，新媒体能够促使教育工作者实现马克思主义大众化教育。

（3）新媒体具有效果较好的互动性，能够改善过去传统的理论灌输教育模式，新媒体的运用使思想政治教育方法更加灵活，不仅能够提升学生学习的积极性，还为高校思想政治教育提供了实现的平台。

（4）新媒体信息更新较快，思想政治教育方法的选择需要依靠外在信息的情况。在新媒体信息的影响下，思想政治教育方法具有了更加动态的特点。新媒体不仅能够为思想政治教育的开展提供信息，还能够将思想政治教育与新媒体环境融合起来，使高校思想政治教育具有更为强大的功能。

2. 消极影响

（1）新媒体信息数量多，难免会造成信息质量的问题。一些较为负面的信息严重影响了学生的三观形成，给思想政治教育的正常开展带来了较大的困难，尤其是网络舆论环境中出现了多种不良的消息，不仅会对人们的思想产生较大的干扰，还会影响到国家安全。如果人们长期接受负面的、非科学的信息，就会影响到人们接受积极信息的能力。

（2）新媒体具有较大的虚拟性，如果学生对虚拟世界产生了依赖，那么学生自身的沟通能力和交往能力也会受到负面的影响，久而久之，就会对现实世界产生抵触心理，无法接受思想政治教育的相关知识。在当前新媒体的背景下，高校思想政治教育也应该发挥思想政治教育方法的作用，让学生主动接受思想政治教育的相关内容。

### （二）高校思政教育的创新方法

1. 建设有特色的校园网络文化

学校在长期的办学过程中逐渐形成了具有校园文化特色的精神环境和文化氛围环境，在校园文化中，不仅有学校内部成员活动形成的行为准则，还有学校的价值观、校风等规章制度。校园文化对学生的影响是多方面的，也是潜移默化的，具有传承性、导向性和渗透性。积极向上的校园文化不仅能够培养学生的学习习惯和思维习惯，还能够锻炼人的情操、意志、人格，使校园氛围更加和谐，学生个人的发展更为自由。

2. 打造思想理论课信息反馈平台

思想政治教育课程可以根据学生喜欢在网络平台上发表舆论的特点，建立起思想理论课的信息反馈平台，学生可以以自己的班级群为单位，及时反馈自己对思想政治教育课程的意见。教师可以将信息反馈作为课堂中的一项任务，从而更好地保障反馈信息的数量。教师可以从学生的规律性反馈中总结出学生的思想动态，并根据学生的思想状况，及时调整思想政治教育课程的内容。

### 3. 建设思想政治教育新课堂

高校思想理论课教学最需要改进的地方是提升教师和学生的交流和互动效果，从而激发学生的学习积极性。思想政治教育课堂教学是提升教学效果的主渠道和根本出发点，广大的教育工作者们要将新媒体融入思想政治教育课堂教学中。课堂中非常需要数字杂志、数字报纸等新媒体的内容，更新教学内容，让学生在课堂教学中了解社会发展的动态，在理论学习中结合实践的案例，提升学生对课堂学习的兴趣，引导学生使用正确和科学的观点思考理论性的问题。在多媒体技术不断进步的背景下，教师们可以建立多功能的课堂即时交流平台，从而达到把握学生思想发展的目的，更好、更便利地开展课堂教学，启发学生的思维，提升学生的思考能力。

### 4. 建设即时性的交流平台

在现代社会的环境中，大学生们的思想和行为受到了多种信息的影响，除了运用相应的制度对学生进行教育之外，还要灵活使用多种方法对学生的思维进行引导和疏通。在过去，学生与教师在情感上的隔阂较大，学生往往不会将自己内心真实的想法告诉教师，这样一来，疏导教育的效果也是有限的。

民主的条件是疏导教育法最为重要的前提，只有让学生对教师产生信任，学生才能够说出自己的真实想法。在新媒体快速发展的背景下，我们可以在网络上构建起一个交流的平台。它不仅能够让学生自由地表达自己的内心想法，凸显出个人的独特价值，表达出自己发展的需要，还能提升人与人沟通和交往的能力。另外，可以开设一个心理咨询方面的校园网站，学生在这个网站中可以使用匿名身份，从而更好地将自己内心的想法表达出来，减少学生和周围环境的冲突，更好地引导学生的行为，给予学生关怀和鼓励，从而不断完善自身修养，实现思想政治教育的最终目的。

### 5. 开展课外网络思政教育

如今已经有很多所高校都开设了网络思想政治教育的内容，并且有二百多所高校建立了相关的网站，这些网站的建立对高校思想政治教育实践的开展起到了帮助作用。另外，高校要开设思想政治教育网络课堂的教学活动，开设不同类型的网络教学内容，让学生能够自主选择相应的课程，主动进行学习。学生的学习视野也会因现实课堂和网络课堂的结合得到拓展，提升学生的思想政治觉悟和思想道德觉悟。

## 四、网络时代高校思政教育路径创新

高校的思想政治教育在网络环境下面临着巨大的挑战，从社会主义意识形态的角度看待大学生思想政治教育可以发现，网络思想政治教育和大学生的教育及社会的人才培养息息相关[①]。

### （一）利用新媒体"随拍随传、转播点评"功能

思想政治教育工作者最重要的任务就是打造资源共享、为学生成长服务的新媒体环境。微博、微信等公众网络平台都能够为思想政治工作者所用，并在这些平台内建立起微招领、微就业、微话题、微观点等多类型的版块，同时可以在这些平台上征集学生的作品和活动，也可以开设一些原创内容的版块，让思想政治教育更加具有针对性，能够和学生的实际生活联系在一起。另外，思想政治教育工作者可以利用微信的语音沟通功能，以班为单位建立起微信群，学生工作者可以将课程的内容、课程的活动讲给学生们听，这样不仅提升了信息传递的准确性，也提升了学生和教师之间的互动性，传递信息的实际效果也得到了保证。

### （二）探索大学生思想政治教育好抓手

在新媒体环境下探索大学生思想政治教育工作的重点时，需要从学生的心理特点出发，比如可以从学生交流的工具开始，在播客、微博、微信、QQ等交流工具上和学生进行沟通，从而达到开展思想政治教育的目的。首先，建立班级QQ群。大学生们几乎都有QQ号，使用QQ进行交流是非常方便的。在新媒体快速发展的背景下，高校思想政治教育工作者更要利用好QQ这一通信工具，经常和学生在班级QQ群中进行交流，不仅能够促进学生和老师之间思想和情感上的沟通，还能够在潜移默化中达到开展思想政治教育的目的。另外，建立起以学生为主体的班级微信群。思想政治教育的教师们可以利用微信这一工具，经常使用微信和学生进行沟通，及时了解学生的生活和学习状态。当学校校园中或学生

---

① 白淑珍，徐东亮．新时代高校思政课网络实践教学和评价体系探析[J]．山西大同大学学报（社会科学版），2022，36(04)：131.

群体中出现了突发事件，教师可以通过微信的传播媒介，了解事件的状况，为事件的后续发展做好相应的准备。在课下，老师也可以经常使用微信与学生进行沟通和交流，"建立起良好的师生关系，使学生感受到学校的人文关怀，在潜移默化中受到良好的思想政治教育"。另外，还可以使用最新的通信交流工具与学生进行思想上的交流。

### （三）激发队伍工作动力

在不断发展的新媒体环境中，如果想要做好大学生思想政治教育工作，就需要建立起一批熟悉学生思想动态、掌握新媒体技术、自身思想政治觉悟高的教师队伍。这样的教师队伍要具备一定的数量才能够符合大学生思想政治教育的需求。这样成熟、可靠的工作队伍并不能够自发形成，需要高校建立起科学、合理的激励机制，从而促使越来越多的教师能够快速成长，成为思想政治教育工作的后备力量。高校应该从过去的思想政治教育过程中总结出相关经验，制定能够提升教师工作成效的激励机制，采用宣传报道先进典型事迹、评优评奖、认定工作业绩等方式为教师的工作环境营造良好的氛围，提升教师利用新媒体进行教学活动的积极性。

在提升高校思政教育队伍新媒体能力的过程中，要注意以下三个方面，分别是改进教育的方法、提升教师的素质、构建高校思政队伍。在开展大学生思想政治教育的过程中，要充分重视教师所发挥的教育主体作用。为了提升大学生思想政治教育开展的成效，教师必须要掌握相应的新媒体技术，从而将新媒体技术与课程内容结合在一起。不仅能够提升上课的实际成效，还能够帮助学生辨别网络中的虚假信息，促进学生的个人成长。高校应该对教师加以培训，提升教师使用新媒体技术的水平，开展和新媒体技术有关的活动，并邀请新媒体领域的相关工作者和教师进行技术方面的交流，提升教育工作者的技术素养。

### （四）整合智力资源，丰富话语内涵

新媒体为思想政治教育的开展提供了机会，带来了大量的有效信息和知识资源，为了更好地实现"全员育人"目标，可以将新媒体中的智力资源加以引用，在新媒体环境中，教育工作者能够将社会中积极有效的观点通过即时转播、重点推荐、分类整理、跟踪观察等方式传递给学生，让学生不仅学习到专家学者们先

进的理论知识，还将积极的态度传递给了学生。在这些信息资源的影响下，一方面，许多具有时代性和创新性的素材被创作出来，资源开发的效果也得到了提升；另一方面，思想政治教育的知名度和公信力也得到了保障。

# 第二节　网络时代高校思政教育教学的移动平台

## 一、运用 QQ 平台进行大学生思政教育

### （一）QQ 概述

腾讯 QQ 是一款以网络信息技术为基础的即时通信软件。腾讯 QQ 的功能非常丰富，不仅有传送文件、QQ 邮箱、远程控制、网络硬盘、共享文件、语音聊天、视频聊天等多种功能，还能够和其他的通信方式相联系。

### （二）借助 QQ 平台开展思政教育的途径

在开展大学生思想政治教育时，思政工作者也应该及时调整自己的理论知识结构，利用好 QQ 的功能，将思想政治教育创新化，引导学生建立起正确的三观。目前，高校思政工作者主要通过以下几个方面的内容开展思想政治教育工作。

1.QQ 网名与个性签名

QQ 用户个性化标志是用户网名和自己的签名，这些标志能够让用户在互联网环境中更好地和其他人区别开来。QQ 用户都会根据自身的情况，为自己选择和个人特点最符合的网名。这样个性化的网名能够反映 QQ 用户的个人性格、个人喜好、人生追求等，从而和他人开展友好的交流和互动。QQ 签名则是一种变化更大、个性更强的个人符号，许多 QQ 用户都非常喜爱自己的 QQ 签名，每天都会根据个人的心情、状态更换自己的签名。当前的大学生以 "00 后" 为主，个性比较鲜明，处事较为直接，平时也喜欢将个人的生活和学习状况分享在社交平台中，并且就这些生活中出现的事情与同学、朋友交流。在进行学生管理的过程中，教师会接触各种各样的学生群体，学生的 QQ 网名和 QQ 签名风格也有所不同，比如有大学新生刚进入大学之后，将自己的个人签名改为 "不想长大"，在教师与学生进行交流之后，可以发现该生在进入学校之后，心理层面发生了较大

的转变，压力增大，不愿意面对现实。在学校老师的照顾和关心之下，学生的心理状况发生了较为明显的转变，逐渐适应大学生活。学生的个人状态也能够及时反映到QQ个性签名中。

2. QQ 聊天

QQ聊天和其他类型的通信工具相比，更加便利，QQ也为学生提供了一个缓解压力、诉说情感、获取信息、结交朋友的平台，所以受到了学生的广泛欢迎。许多大学生都在通过QQ聊天的方式和他人进行交流，将自己内心最真实的情感分享给他人。高校思想政治教育的教师必须发自内心地和学生进行交流，这样学生的学习效果才能够得到提升。高校思想政治教育的教师在使用情感交流法时，要积极主动，让学生从心底对教师产生信任，学生受到教师情感的感召，未来将会更加主动地进行思想和行为上的转化和进步。QQ聊天丰富了师生交流的方式，不仅能够使用文字进行聊天，还能够使用语音和视频进行聊天。QQ聊天超越了时间和空间的限制，不但能够在在线状态收到联系人的消息，还能够以离线状态收到联系人的消息。QQ聊天的方式为不善言辞、性格内向的学生提供了和老师交流的机会，教师能够为所有性格的学生提供学习和生活上的指导。QQ聊天作为一种网络上的聊天方式，实现了教师和学生之间的平等交流，使学生和老师的交流变得更加轻松，师生之间的感情也加深了，教师能够更好地了解学生的思想状况，从而提升学生对大学生活的适应性。

3. QQ 空间

大多数的QQ用户都开通了自己的QQ空间，并在QQ空间上抒发自己的个人情感和感想，也可以实现和他人的沟通与交流。QQ空间和播客的功能比较像。在QQ空间中可以听音乐、上传图片、书写日记，学生还能够使用多种元素展示自己的个性。QQ空间凭借其简单易用性、双向互动性、多功能性、信息及时性等优点获得了广大学生的欢迎，对学生的学习方式、思维方式、信息获取方式产生了很大的影响。为了提高大学生思想政治教育的实效性，要重视和利用起QQ空间这一载体。QQ空间的功能强大，关注学生的QQ空间主要从空间日记、空间相册两处着手。空间日记相当于个人的日记本，上面记载了个人的心路历程，可以直接地反映学习、生活、情感、就业、心理等方面的状态，思政工作者通过进入学生的QQ空间，了解学生在校的表现，从而有目的、有针对性地引导学生。

QQ 相册是记录个人生活成长的影像资料,对于了解学生的性格特点、生活学习状态也是一个非常好的途径。QQ 空间作为思想政治教育的一个平台,教师向学生开放 QQ 空间也是非常有必要的。通过空间文字、照片及在空间的其他活动,可以向学生展示教师的思想、学识、工作、生活,让学生们接触和了解老师最真实的一面,从而对老师的工作产生认同感,有助于更好地提高思政工作的实效性。

4.QQ 群

在校大学生加入的 QQ 群主要有班级 QQ 群、班干部 QQ 群、考研 QQ 群、球队 QQ 群、社团 QQ 群、学生会 QQ 群、分团委 QQ 群、专业 QQ 群等。QQ 群的建立,方便了学生的自我管理,适应了网络环境下彼此的交流合作,对学习与工作的开展都起到了良好的促进作用。如班级 QQ 群的建立,可使班级的通知、班费使用情况、上课出勤情况、奖学金的评定、申请入党情况、活动的开展等班级公共事务,都放在 QQ 群的共享空间里,这样大家都能清楚了解集体活动的开展情况与结果。老师们为了方便工作的需要,也需建立或者加入不同的 QQ 群,如学生班级群、学生干部群、学生党员群、辅导员群等。通过 QQ 群这个平台,老师可以加强与学生的交流,利用 QQ 群聊、共享,及时掌握学生的思想动态。在工作上,由于事务的繁杂和时间的限制,可以通过 QQ 群向学生发布公告、通知、文件,可以就社会热点问题与学生进行讨论,就学生关心的奖学金、助学金、贷款等问题进行回答,也可在 QQ 群内对学生进行思想疏导,同时面对网上的负面新闻或虚假新闻及时对学生进行引导、教育,促使学生树立正确的舆论观和价值观。

**(二)借助 QQ 平台实现思政教育的策略**

1.把握思想政治教育的基本原则

从根本上来讲,QQ 平台是实现大学生思想政治教育的载体。详细来讲,其一,导向性原则。结合 QQ 平台的特点,将思想教育导向的理想教育、政治教育、道德教育、法制教育充分展现出来,保证以潜移默化的方式实现其对于学生的思想政治教育。其二,平等性原则。在 QQ 平台的使用过程中,充分尊重学生的主动性,对学生的问题给予解答,对学生的见解给予引导,保证整个过程中师生平等对话。其三,互动性原则。开展教育工作时,保证教师与学生的充分互动,避免网络环境下的一言堂。

2. 保证 QQ 平台教育的多样化发展

其一，积极构建 QQ 群，建立丰富的思想政治教育体系，保证学生和教师可以开展自由的交流和学习。对此我们需要注意的是，强化 QQ 群的管理和维护，对于在群里发布不良信息者，坚决要求其退出，从而保证 QQ 群为思想政治教育服务。

其二，注重使用 QQ 空间，结合其不同方面的功能，将思想政治教育的特色、个性、动态一一反馈在这里，保证学生能够接触到思想政治教育的相关内容。在此方面还要注重对学生动态的关注，保证采取对应的教学方案，实现对学生的引导。

其三，高度重视群资料共享机制的建立，保证上传的资料都是符合思想政治教育目的的，对于其他方面的不良资料要坚决清除。

3. 不断提高媒介主体的素养和能力

首先，不断提高学生的网络信息判断能力，结合其自身学习到的思想政治知识去审视网络事件的真实度，以便养成良好的思考习惯，促进自我思维能力的全面发展；其次，不断鼓励教学者使用 QQ 平台开展教学工作，以学生喜闻乐见的方式去开展思想政治教育，并在此过程中通过信息反馈学生的知识掌握情况，在此基础上制定对应的方案，以实现思想政治教育工作的目的；最后，不断强化网络环境下的道德建设，倡导绿色上网，不断规范学生的网络行为和网络语言，使其形成良好的网络习惯，为开展思想政治教育工作营造良好的网络环境。

## 二、运用微信平台进行大学生思政教育

### （一）微信概述

1. 微信简介

微信是腾讯公司推出的一款即时通信软件，用户可以通过手机、平板电脑和网页快速发送语音、视频、图片和文字。微信提供公众平台、朋友圈和消息推送等功能，用户可以通过摇一摇、搜索号码、附近的人、扫描二维码等方式添加好友和关注微信公众平台，同时，微信可以将内容分享给好友以及将用户看到的精

彩内容分享到微信朋友圈。

相比于微博，微信用户可以通过微信与好友进行形式上更加丰富的类似于短信、彩信等方式的联系。

2. 微信的特点

作为一款定位于移动端的移动通信软件，微信具有以下几个特点：

（1）低内存、低流量，界面简洁、功能多元

微信占用手机的内存很低，且运行时，耗费的流量很少。界面简洁明了，不复杂，其功能包括语音、图片、视频、搜索等。

（2）即时性、互动性、广泛性

微信可以像对讲机一样即时的对话、互动，同时具有群聊等功能。

（3）强半熟社交，弱圈内社交

现实中完全陌生的群体，由于共同的兴趣爱好、相同的价值观，通过网络频繁互动交流的社交方式叫作半熟社交。北京大学新闻与传播学院教授刘德寰认为移动通信和互联网成为当今世界发展最快、市场潜力最大、前景最诱人的两大业务，它们的增长速度都是任何预测家未曾预料到的。移动通信和互联网正构成一种新型的社交人际关系。在这种新型关系中，大家彼此间既熟悉又陌生，因为共同的兴趣和爱好把大家联系在一起。微信提供的这种社交平台，尤其迎合了当今年轻人群体的社交心理和社交趋向，方寸之间人们便可以通过移动互联网进行交际，微信为彼此打造出一个全新的社交平台。

（4）趋同性沟通趋势，同步与异步相结合

所谓趋同性沟通指的就是基于同种沟通媒介，在未知的情况下选择沟通对象的沟通方式。因为用户在沟通之前都是以自愿加入某种相同属性沟通媒介为前提的，如同时摇动手机等以此种行为可以有效地减少陌生人在交流沟通当中的抵触心理。同步异步相结合指的是微信平台中的两种沟通手段，同步指的是同时做出的动作，如同时摇手机；异步指的非同时做出的动作，如拾取别人已经写好的漂流瓶。同步与异步的多元结合丰富了社交方式与手段。

如今，微信作为全新的社交平台，为人们快节奏的生活提供了方便，符合现代社会人与人交往的需要。

3. 微信未来的应用趋势

由于微信具有互动性、即时性的特点，其作为个人通信交际的作用越来越普及化，将不断为人们提供更加便捷的信息及服务。现如今，不仅个人把微信作为通信交往的工具，更有企业也把微信作为内部沟通交流的便捷工具，甚至有些学校也把微信作为师生沟通的一个桥梁。

### （二）微信平台对思政教育工作的挑战

大学生思想政治教育工作是在一定的外在环境下进行的，所以思想政治教育工作的进行必须根据社会环境的变化不断地进行调整，微时代里微信这种新型网络通信工具的产生和发展也让大学生思想政治教育工作面临着很大的挑战。

1. 动摇了大学生传统思政教育的权威地位

传统的思想政治教育工作包括政治理论的课堂学习、宣传栏和讲座报告等，要安排大学生在特定的时间和地点进行有计划的集中学习。组织者通过精心筛选材料，对大学生进行思想政治教育知识的传授与指导，以促进大学生建立正确的人生观、价值观，传统的思想教育方式一般都是采取被动接受学习的模式。微信这种新型信息传播工具解除了大学生接收信息的被动性，使他们接受新信息时更加灵活、自由，这种情况下大部分大学生更愿意使用这种新型工具，居高临下的传统思想教育模式就陷入了比较尴尬的境地，受教育者更加反感和抵触被动接受信息的方式，动摇了传统思想政治教育的权威地位。

2. 对大学生人际关系的挑战

由于微信能够使大学生们更方便、更快捷地获取新信息，所以传统学生间的相处方式和参与学校活动的方式对大学生们的吸引力越来越小。传统的师生之间、生生之间面对面的交流沟通逐渐被这种新型的沟通工具所取代，所以大学生越来越"宅"，并且"宅"的范围越来越广，宁可"宅"在宿舍通过手机、计算机等设备与老师、同学沟通交流，也不愿参加传统主题班会等形式的学习交流。这对大学生形成积极开朗的性格十分不利。

3. 对施教者综合素质的挑战

大学生思想政治教育的实施者即思想政治教育的主体在教育过程中起着决定性、主导性作用，因此要求他们具备较高的政治理论素质、思想道德修养、科学文化素养和沟通表达能力，微信的发展又增加了新的要求，即对网络通信技术和新型通信工具的掌握。只有熟悉了为大多数大学生所运用的通信工具，才能更好地与大学生进行沟通交流，掌握他们的思想动态。

4. 网络信息的泛滥使网络舆论难以控制

微信能实现大学生的自由话语权，大学生能通过这种工具抒发自己的情感、表达个人愿望，所以微信逐渐成为大学生抒发情感、参与社会舆论的主要工具。大学生使用微信主要是抒发自己的情感、看看朋友圈都在关注什么、社会有什么热点新闻或者结交志趣相投的人。不论是校园热点还是社会热点，大学生们都十分热衷于讨论，他们会将自己对某一事件的看法发到微信朋友圈上，等待同学、朋友对自己的观点进行评价，然后经过激烈的争辩和融合后，在学生中形成共鸣，这也就形成了大学生抒发真实想法的舆论圈。这种讨论虽然有利于大学生们关心国家和社会大事，但也容易给校园和社会带来了安全隐患。

## （三）借助微信公众号实现思政教育的策略

### 1. 明确定位导向，唱响主旋律

尽管微信具有信息传播时效性强、覆盖面广和影响力大的优势，但是因其准入门槛低、信息来源多，不可避免地存在信息真假混杂、难以甄别等缺陷，在良莠不齐的信息流冲击下，尚未走出校门的大学生容易摇摆不定、迷失方向。自媒体时代，促使校园主流文化发展欣欣向荣、社会舆论风清气正的关键在于牢牢掌控话语权，主动发出大量具有先进性、代表性的声音，以社会主义核心价值观引领舆论导向，引导大学生对正确、积极和健康的信息喜闻乐见，不为刺耳的"噪音""杂音"所迷惑。

思想政治教育工作者应该唱响主旋律，敢于并乐于发声，主动出击才能"先声夺人"。通过高校微信公众号开展大学生思想政治教育，最终目标在于培养社会主义的合格建设者和可靠接班人，思想政治教育工作者一方面要着力培育大学生自主选择、独立判断的能力，从社会、学校和个人等各个层面"旁敲侧击"，教育大学生认清法律制度"底线"，明确思想道德"标线"。引导大学生微信应用自我管理，教育他们学习判断是非，主动内化有价值的正面信息，摒弃负能量，在潜移默化中树立健康向上的价值导向；另一方面，思想政治教育工作者更要善加引导，把理想信念教育放在首位，深入学习习近平总书记系列重要讲话精神，坚定不移、充满自信地将马克思主义理论和中国特色社会主义理论作为依托微信平台开展宣传教育工作的基本点，坚持推送以社会主义核心价值观为衡量标准的微信内容，大力宣传中华优秀文化传统、革命文化和社会主义先进文化，弘扬社会主义主旋律；发现并树立校园典型模范人物，传递校园正能量；用青年学生喜闻乐见的方式讲述他们身边的好故事，找到思想认同点，提高思想政治教育的感召力，使大学生们易于接受且乐于参与，转变部分学生对传统思想政治教育存在的消极怠慢和不配合态度，引导广大师生做社会主义核心价值观坚定的信仰者，帮助大学生们树立正确的人生观和价值观。

### 2. 内容与形式多样化，提高大学生参与积极性

杜威在《道德教育原理》中提到："所需要的信仰不能硬灌进去；所需要的态度不能粘贴上去。"[1] 选择高校微信公众平台作为新形势下加强思想政治教育的工具，让大学生思想政治教育更好地做到"入眼、入脑、入心"。教育工作者需要积极思考借助微信公众号开展隐性思想政治教育，思想政治隐性教育主要是指教育者以隐性课程、文化传统和环境情境为载体，引导学生在体验、分享中获得身心和个性发展，以及价值观、理想信念和道德观念的活动过程及其方式。隐性教育的特点与微信公众平台的定位和功能契合度较高。因而，高校微信平台运营首先要秉持"分享""互助"的理念，以平等、宽容和尊重的态度面对学生，"以情动人、以理服人"，让学生从情感上受到触动，引发共鸣，从而为其在现实中付诸实践创造基础；充分结合大学生好奇心和求知欲强的特点，掌握服务对象的实际需求，在坚持和弘扬社会主义核心价值观、保持内容具有教育意义和启发性的前提下，深入大学生日常生活去深度挖掘素材，满足大学生乐于探索个体价值、追问人生意义的特点，并综合考量这些特点，创作出大学生喜闻乐见、易于共鸣的文章。同时结合学校特色和地域特色，树立优秀人物典型，充分发挥同龄人的示范效应，激发大学生的学习热情。在微信公众号众多并且趋于同质化的情况下，内容丰富且突出特色、形式多样且符合阅读习惯是提高微信公众号吸引力的关键。同时，高校微信公众号成功营运还能借此打造学校名片，提高学校美誉度，增强学生荣誉感，强化环境育人氛围。

---

① 杜威. 道德教育原理 [M]. 王承绪等，译. 杭州：浙江教育出版社，2003.

微信公众号不仅要在内容上生动活泼，在形式上也要尽可能灵活多样，与时俱进。其一，图、文、音、影并茂，版式编排上充分考虑受众的阅读习惯，给予受众愉悦舒适的阅读感受；其二，线上线下精准结合，例如，通过微信平台组织和发起丰富多样的实践活动，如辅助传统教学的"翻转课堂""直播会议"、纪念日、节日等主题活动，"纪念九一八""重走长征路"等。通过高校教育工作者和接受教育的学生双向互动，做到线上线下精准结合，相互渗透，潜移默化地开展思想政治教育，增加吸引力。有别于传统思想政治教育工作的开展多以课程、讲座、会议等形式为主，微信公众号则是将主动权交出去，关注与否的决定权掌握在教育客体——大学生手中。微信公众号作为工具和载体，其教育价值的最终体现由客体对象决定，因此，需要调动大学生参与大学生思想政治教育实践活动的积极性。通过积极正面的良性互动扩大思想政治教育微信公众号的影响力，精准定位受众群体开展活动。通过微信平台的后台回复以及留言功能，鼓励大学生积极给予平台反馈和建议，在有效收集分析大学生们真实想法和呼声的基础上，不断创新拓展平台本身的思想政治教育工作方式。

## 三、运用微博平台进行大学生思政教育

### （一）微博概述

1. 微博简介

微博，即微博客（Micro Blog）的简称，是一个基于用户关系的信息分享、传播以及获取平台，区别于其他的社交网站，微博有其独特的关注机制，可单向或双向关注。一般的社交网站都只以双向关注为主要联系方式，微博的单向关注为公众人物或单位和普通用户搭建了交流平台。

2. 微博的特点

（1）短小性

字数的限制决定了微博内容的短小性。字数多少只是技术层面的问题，但反映了微博短小的特点。清华大学的金兼斌教授认为，微博短小精悍、信息量密集的特点，契合今日人们快节奏、快餐化的生活特点。

（2）随意性

微博内容的短小性决定了其随意性，用户可以随时随地编辑信息，抒发自己的感情，可以随意发一个表情或是上传一张图片。微博不仅支持用户传播文字、图片等内容，还支持音频、视频等多媒体信息，人们利用时间碎片提交的信息保证了微博内容的丰富性。

（3）即时性

与其他传播方式相比，微博的传播速度更快，关注的人更多，时效性更强。因为微博融合了网络、手机以及 IM 软件等多样化的信息发布途径，任何人都可以使用网络或手机，在最短的时间内发布信息。

（4）互动性

微博的互动性源自微博信息的开放性，微博博主发布的信息能即时更新至关注者的首页，无须对方主动访问。一键转发功能，可以将信息瞬间分享给更多的用户，从而增强了微博的互动性。现代人面临各种压力，内心常感到空虚，渴望得到别人的关注。手机短信点对点的传播形式使人们思想上会有所顾虑，不会轻易与朋友或家人倾诉，而微博点对面的传播形式则打消了人们的思想包袱，即便无人回复，也能使内心的情感得到宣泄。

3. 微博传播的影响

信息传播在微博的引领下进入读秒时代，关于微博的研究也围绕着传播特性功能、公共事件中的影响、自媒体应用和技术发展趋势等几个方面展开。

探悉微博传播特性，有研究认为，微博是一种集"4A"元素为一体的媒介新形式。"4A"即 Anyone，Anywhere，Anytime，Anything。作为开放式平台，它具有无限延展的可能性，扩大了社会成员间共通的意义空间，用户借此对海量的信息兼收并蓄，彼此影响，建立起一种特殊的社会网络关系。有研究进一步提出，这种网络关系表现出与社交网站的很大不同——它是通过单向的跟随关系简化了的社交关系。跟随关系的不对称使信息发出者与接收者之间既亲密无间又存在一定的距离感。在这样一种意义空间和关系之下，微博产生了信息构筑、文本内容、传播参与等方面的特点，并形成了传统媒体设置议程的局面。

有研究提出，微博进入传统媒体平台和公共视野并得以常规化，与"微博事件"密不可分。因此，新媒体事件的意义不仅在于现象本身，更在于其在新旧媒体关系的范式订立上具有典范意义：新媒体事件不仅作为报道的话题，而且改变了新闻产生的常规。每年重大新闻事件不断，公共事件、突发事件成为微博研究的主要着力点。从国家大事到百姓民生，从国内到国际，每有大事发生，总有微博传播活跃其中，研究者通过透视这类事件所进行的探讨分两种趋势：一是关于微博在公众事件的信息影响力；二是探讨微博干预社会生活领域的广度和深度。尤其是围绕同类话题作出不同向度的思考较为常见。如关于"微博问政"话题，有的研究从官员微博事件看民意的焦渴，有的研究分析网民表达意见的方式，有的研究探索政府微博传播对传统媒体的影响，有的研究透视微博信息在突发事件中的组织和管理，也有的研究对微博传播中的传闻、谣言、侵权等负面影响给予了关注。

对于微博这种新科技下的自媒体传播形态，学界逐渐形成了一种值得关注的代表性观点：微博传播自媒体特性突出，社会化程度高，更显平民化和草根性，面向全体公民开放，表达的个人化与私语化更明显。其传播速度快、覆盖面广，可以带动现实社会行动，产生全民参与的社会影响。

**（二）微博在思想政治理论课中的作用**

1. 丰富思想政治理论课教学资源

丰富教学内容。思想政治理论课是对大学生进行思想政治教育的主阵地。思想政治理论课的教学内容决定大学生思想政治教育的成败。传统的思想政治理论课教学内容主要是根据中宣部、教育部"思想政治理论课新课程方案"而组织编写的全国通用教材。这些教材具有很强的权威性，但其内容体系理论性太强，过于抽象，高职高专学生难以掌握，且其具体内容与学生的实际生活有一定差别。这样的教学内容在课堂上运用往往会使学生处于被动地位，严重影响教学效果。微博以其信息简短和精炼适应大学生的兴趣特征，特别是微博中的正能量极大地丰富了思想政治理论课的教学内容。一方面，微博中的正能量为思想政治理论课教师带来了大量生动而详细的信息，为思想政治理论课的理论教学提供了丰富的佐证材料，使以前空洞乏味的理论教学变得生动有趣；另一方面，微博中的正能量能够开拓学生视野，学生可以自主地利用微博提供的信息资源构建自己的思想政治理论知识体系，有利于提高大学生的综合素质。

　　发挥教学实效。由于所处时代的变化，现在的大学生思想观念较新，具有挑战传统的叛逆心理。对于大学生的这一改变，以传统的经典理论作为教学内容的思想政治理论课，教学实效性肯定不佳。而将微博运用于思想政治理论课教学中，在一定程度上可以迎合当代大学生的心理需求，弥补传统思想政治理论课的不足。因为微博的信息都是当前最新的社会动态，符合学生的兴趣特征，将微博中的正能量扩充到教学内容，将学生和社会都关注的热点问题作为课堂讨论的话题，一方面可以把经典理论知识融入实实在在的现实事例中，增强思想政治理论课的吸引力和感染力；另一方面，微博正能量可以帮助大学生正确看待社会现象，有利于弘扬优良传统，同时能够从源头上防范学生可能产生的各种偏激观点，促进学生思维的理性化、科学化。

　　搭建教学新平台。传统的思想政治理论课基本上都是上百人一个班的合班课，师生沟通的时间仅限于上课时间，一个学期下来，教师只认识一个班中的几个人。这种上课方式既不能实现师生的沟通，也无法让学生从思想层面上理解那些经典理论。微博为思想政治理论课教学搭建了一个新的平台。一是思想政治理论课教师可以将微博作为课堂教学的延伸，让学生将自己的想法在微博上表达出来，从而可以掌握学生的思想动态，然后在课堂上就学生关心的问题进行相应的评论和辅导，从而提高思想政治理论课的教学实效；二是实行师生微博资源共享，师生间共同探讨社会问题，教师在探讨的过程中向学生传递正能量，从而促进学生树立正确的人生观、价值观，起到"润物细无声"的教学效果；三是思想政治理论课教师通过校园网络随时将网络正能量传递给学生，再通过对部分优秀学生进行教育引导，使学生之间相互传递、交流和传播，实现大学生自我教育的效果。

　　2. 创新思想政治理论课教学模式

　　凸显学生主体。思想政治理论课教学就是以学生德育为主，是学生在与周围环境互动的体验过程中认真吸收、主动内化为自己思想的过程。传统的思想政治理论课以教师为主体，在教学中对大学生进行说教式的教育和单向灌输，使思想政治理论课变得枯燥无味。而微博的出现有利于师生之间的互动交流，微博所具有的开放性、交互性、平等性和及时性等优势特性有利于思想政治理论课的信息传播和师生双方的交流和沟通。微博中的正能量更能凸显学生的主体地位。教师通过微博中的正能量为学生创设一系列的学习情境，这些学习情境一方面能够让学生在平等宽松的环境中愉快地接受枯燥的政治理论知识，获取最新的有效资源，进一步激发学生的学习兴趣；另一方面，能够促使学生自觉发挥各自的主观能动性，为了能在同一平台上平等交流，学生会自觉预习和复习，这不仅促使学生去学习书本知识，还有助于学生构建丰富而全面的知识体系。

改进教学方法。高校思想政治理论课的教学实效与教学方法是紧密联系的，好的方法可以达到事半功倍的效果。传统的思想政治理论课教学方法单一，基本上就是以教师为主体，教师把学生视为思想政治理论课的被动接受者，通常采用"灌输式"教学。这种教学方法给大学生的感受就是枯燥和严肃，从而产生厌学甚至是叛逆心理。尽管有些教师制作了PPT，但仍是换汤不换药的灌输式，难以与学生产生共鸣。将微博以及微博正能量运用于思想政治理论课教学中则是一种全新的教学方法。一是微博正能量与理论学习的有机结合，使抽象理论具体化，能够提高大学生学习思想政治理论课的积极性，有利于提高教学效果；二是将微博正能量作为课堂讨论的话题，并用教师的学识和经历对学生所关心和有困惑的问题进行解答，从而在积极的师生互动下，帮助学生树立正确的人生观和价值观，提高了思想政治理论课的教学实效。三是课堂突破了教学时空的限制。教师可以随时将微博中的正能量以文字、图像或视频的方式传递给学生，学生通过接受来源于现实的学习"情境"，可以有效实现教学内容与现实生活相结合，增强教学感染力。

优化教学手段。微博正能量运用于思想政治理论课教学中，可以优化教学手段，调动学生的学习积极性，提高课堂教学的针对性和感染力。一方面，要提高学生对当前社会环境下各类新情况、新问题的认识，思想政治理论课必须紧扣时代主题，而微博最大的特性在于所呈现的信息始终处于最前沿状态。微博中的正能量是思想政治理论课教学最合适的理论联系实际的契合点。我们可以引导学生对微博正能量信息进行搜集并分类整理。另一方面，微博正能量的运用，可以采用文字、图片和视频等一体化展示的教学手段，形象更加生动直观，大大激发大学生的求知欲，调动大学生学习思想政治理论课的主动性，提高大学生对思想政治理论课教学的认同感。此外，思想政治理论课教师在获取真实信息的基础上，还可以有针对性地利用微博发布正确的思想信息，运用课本中的理论知识分析，理论联系实际，增强课程教学效率。

3.引导大学生思想观念和价值取向

提高大学生的思想道德素质。随着信息时代的深入发展，网络与大学生的生活息息相关，可以说，大学生成为运用网络的一大群体，他们在网络平台上容易受到网络整体的大环境影响。微博正能量的传递大大提高了大学生的思想道德素质，减少了大学生道德失范现象。一是浏览和转发微博正能量信息。浏览和转发是一个接受和吸收的过程，大学生会不自觉地吸收微博中积极向上、催人奋进的正能量信息。二是参与微博正能量传递活动。大学生参与微博正能量的传递活动，实际上就等同于道德实践，也就是体验的过程。时代在进步，人们对于正能量的内容也保持着期待。大学生的思想道德素质正是在参与微博正能量活动中一点一滴、由外而内，逐步实现提升。

增强大学生的民主法律意识。法律意识是大学生群体对法律或其现象的反应形式，法律意识如何，将直接影响公民的法律素质和整个社会法治文明的程度。高校的"思想道德修养与法律基础"课时有限，大学生在有限的课时中难以提高法律意识。微博正能量能够对大学生民主法律意识产生潜移默化的影响。一方面政府通过微博发布各行各业的相关法律法规，大学生通过浏览，会在脑海中形成感性认识，在一定程度上增强了大学生的法律意识。另一方面，微博中的一些社会热点事件，尤其是对其的后续处理会形成一个跟踪报道，甚至是微直播，大学生通过关注，能掌握一些法律知识，得到一些法律启示。在这样一个微博正能量传递的环境中，大学生的民主法律意识也就不知不觉形成了。

### （三）借助微博平台实现思政教育的策略

微博的出现给大学生思想政治教育提供了新的机遇，但是，将微博应用于思想政治教育工作还存在一些问题，大学生思想政治教育工作者必须认清形势，合理地利用微博开展工作，促使思想政治教育工作有效进行。

1.学生工作部门和学工队伍要树立微博意识

微博的流行已经是不争的事实。微博能否发挥其在思想政治教育工作中的积极作用，首先取决于学生工作部门的领导和学生工作队伍对待微博的态度。微博的出现满足了大学生表达自我、获得认可和理解、获取各类信息等精神文化需求，已经成为大学生群体享受文化、创造文化和传播文化的重要平台和载体。高校学工部门和学生工作队伍必须认清这一形势，树立微博意识，重视微博这一文化载体和平台，主动适应形势，把微博作为传播先进文化、开展思想政治教育的重要载体和平台，不断满足大学生日益增长的精神文化需求。

2. 学会用平等的态度开展思想政治教育工作

传统说教式的思想政治教育已经落后，很难引起大学生的兴趣。思想政治教育必须从简单的灌输转变为能够引发学生探究的方式。应积极试行探究式教育，也就是师生之间的互相启发，而非单方的强制服从。这就意味着教育者要尊重受教育者表达和选择的权利。微博交流的精髓也在于去中心化，实现交流主体之间的平等互动。所以在微博中，思想政治教育工作者必须摆脱现实空间中身份和角色的限制，以平等的心态和学生开展交流。尊重学生的个性特点，尊重学生表达的自由，及时回应学生的关切，从而拉近师生之间的距离，提升思想政治教育的效果。

3. 学会以"微"见大

以"微"见大也是思想政治工作者必须掌握的一项基本技能，使思想政治教育工作真正能够实现贴近实际、贴近生活、贴近群众。一些网友不经意间拍摄的、取材于日常生活细节的、反映"真善美"等主流价值观的图片和视频在极短的时间中能够引起成千上万网友的转发、评论、留言。"微"能见大，能引起共鸣，主要原因在于其素材来源于生活，更加具体，更加真实，所以更能打动人、感染人，效果更好。

# 第七章　网络时代高校思政教育的创新模式
## ——融入中国梦

本章内容为结合中华民族伟大复兴的中国梦创新发展高校思想政治教育，分别介绍了思政教育融入中国梦的功能和意义、思政教育融入中国梦的课堂教学研究。

## 第一节　思政教育融入中国梦的功能和意义

要想顺利开展包括经济在内的其他工作，就必须要搞好思政教育工作，只有在思想政治方面做好教育工作，才能使其他各项工作得以顺利开展。在全民族勠力同心实现中华民族伟大复兴"中国梦"的时代条件下，思想政治教育者更需要积极作为，有效发挥其功能，较为全面把握思想政治教育的功能、研究现状。目前学界关于思想政治教育的功能的研究成果丰富，多集中在其生成、内涵、内容、特点、发挥、评价与发展等方面，呈现出重视实践性问题研究、多角度研究以及重视学科交叉研究的特点，同时也显现出还需加强基础理论研究、系统研究以及加强考查其功能实施的状况等。思政教育之所以能够继续存在和发展，就是因为其功能为其提供了发展的基础，正是其相关功能的发挥才使这项教育更具有意义。在研究思政教育功能的时候，我们需要对其定义、特点、具体内容，以及该如何将其发挥出来等问题进行仔细的思考和深入的发掘，这对思政教育的生存和发展具有促进作用。

### 一、融入中国梦的功能

目前，我国社会处于特殊的发展阶段，社会转型带来了一系列的问题，改革攻坚产生了一系列的社会矛盾，这就在一定程度上影响了社会共识的凝聚，影响了人民群众创新创业的热情。面对这样的局面，我们的人民群众尤其需要拧成一股绳，劲儿往一处使，因此我们提出了"中国梦"，这一目标的提出，使中国人民团结起来，万众一心，奋发图强，为了美好的未来而奋斗，为了美好蓝图的实现而拼搏，全国上下形成一股向上的力量，这体现出了思政的教育功能[①]。

## （一）中国梦具有导向规范功能

中国梦是宏伟的，是一个远大的目标和方向，这个目标的实现不可能是一蹴而就的，只有将一个个具体的、实际的、小的目标实现了，才能实现这个宏伟的蓝图。我们在不同的阶段有不同的目标，在每个时期都有各自的目标，这些目标有一些区别，但又是紧密相连的，这样才能将全国人民的力量凝聚起来，形成向上的冲击力，使中国梦在一步步的奋斗中走向现实。对于大学生来说，在实现中国梦的过程中，要为其营造一个良好的环境和氛围，对其进行引领，使其能够在正确方向指引下形成正确的理想，拥有积极的信念。我们只有对一个宏伟的目标进行分解，实现一个个小目标，才能越来越有干劲，才能一步步地实现大的目标。在中国梦这个宏伟目标的实现过程中，很多优秀的、先进的人物和事迹不断地涌现出来，这些积极的例子会对大学生起到榜样和示范作用，从而对其价值观起到塑造作用。尤其是校内的事例，会对大学生产生更加深刻的影响。大学生对中国梦形成认同之后，就会在中国梦的指引下，不断地探索，不断地奋斗，为了追求真理付出一切，从而在学校中形成一种良好的学术氛围和环境。

## （二）中国梦具有精神激励功能

作为全体中国人的奋斗目标，中国梦具有强大的激励力量，为人们的奋斗指引方向。中国梦是中华民族的梦，也是每一个中国人的奋斗目标，是实现国家富强的伟大目标。中国人用自己的双手追求和创造美好的未来，而这些都可以通过中国梦体现出来。当一个国家中的每个人都开始奋力拼搏的时候，这个国家呈现出的风貌都是积极的、焕然一新的。

中国梦具有强大的精神力量，它让人民看到未来的生活是有希望的，未来的日子是有奔头的，对于大学生来说，他们可以看到自己的未来是光明的，通过奋力拼搏，他们相信自己的未来一定会越来越好，相信通过自己的力量可以对国家

---

① 韩金亭. 中国梦视域下的大学生人生观教育 [D]. 昆明：云南师范大学，2015.

做出贡献，可以使国家和民族更加美好。除此之外，中国梦还使大学生认识到，只有明确自己目前的定位，先把手头的任务和目标完成，努力学习，在科研中投入，才能在未来的社会建设中贡献自己的一份力量。

**（三）中国梦具有凝聚新型社会共识功能**

良好的社会环境有助于大学生形成积极健康的价值观念，但随着国内外多元文化和思潮的强烈碰撞，特别是网络文化在大学生学习和生活中的不断渗透，部分青年大学生对个人未来和中国特色社会主义事业的发展感到迷茫。"中国梦"就是一面指引人生方向的旗帜，有利于营造良好的舆论氛围和社会环境，有助于引导学生更加冷静客观地看待当下国内外发展形势，因此，大力推进"中国梦"宣传教育，有助于帮助大学生培养新型社会共识。坚定的理想信念对事业成功起到了决定性作用，如果理想信念不坚定，那么精神上就会缺少支撑力量，难以取得成功。中国梦应该是青年的理想，青年应该在中国梦的指引下找到自己的人生方向，并为之不断地努力、奋斗。中国共产党历尽千辛万苦，带着我们全体人民找到了实现中国梦的途径，也就是中国特色社会主义道路，那么广大青年在发展的过程中就应该将之作为自己毕生的理想信念，并为之不断奋斗[1]。"在价值取向上，中国梦思想体现出社会理想对个体价值的包容与肯定，有助于理想信念教育走出社会理想对个体价值关照缺失的现实困境。"[2] "中国梦"作为当前全民族的理想信念，富于凝聚力和感召力，是非常重要的精神武器，从而为思政教育工作的开展提供了强大的理论指导。

**二、融入中国梦的的意义**

第一，在进行思政教育的过程中把中国梦融入进去，对大学生来说是有益处的，因为中国梦为其未来的发展指明了方向，促进了大学生的成长，并将其和大学生的理想、人生等联系起来，从而使大学生树立自己的目标，并在中国梦的指引下，不断奋斗、不断前进。大学生处于风华正茂的年纪，正是追求梦想的大好年华，选择自己的梦想，就是在选择自己的成长方式，就是在选择一种生活方式，所有不同的选择，都会在追求梦想过程中呈现出不一样的景色。现如今，经

---

① 张咪咪. "中国梦"视阈下当代大学生理想信念问题研究 [D]. 西安：长安大学，2014.
② 张振华. 当代中国社会共识形成研究 [D]. 武汉：武汉大学，2014.

济全球化势不可挡，而我国的改革开放也越来越深入，科学技术的不断发展，又促进了信息化社会的形成，还带来了各种多元的思想，这些思想在不断的碰撞中大大地冲击了大学生的理想信念，这种冲击使大学生在激烈的竞争中更加具有思想压力，在理想和现实中不断地受到打击，对所拥有的梦想也产生了困惑。他们知道梦想的重要性，知道梦想在自己人生中占有非常重要的地位，但是他们却面临着不知道该怎样确定自己梦想的困境，他们感到迷茫，感到困惑，也许是因为他们无法认清自己而不知道应该确立怎样的梦想；也许是因为他们没有坚定的意志，从而无法将自己的梦想坚持下去；也许是他们不清晰个人理想和其他理想的关系，导致他们的人际关系产生问题；也许是他们过于注重追求物质，从而使得自身在理想信念方面出现缺失；也许是梦想和现实之间差距过大。这些因素都会导致大学生在前进的道路上出现困境。无论是历史的经验，还是现实的教训，都在告诉我们，理想的基础是现实，只有在现实的基础上，理想才会生根发芽，才会在勤奋汗水的浇灌下茁壮成长。面对中国政治经济发展现状，中国梦这一目标有了具体的内涵，就是"国家富强、民族振兴、人民幸福"。中国梦是一个伟大的梦想，但其又不是只包含了大的梦想，还包含了小的梦想，这两种梦想是彼此成就的，我们在追求物质的同时，也可以追求精神，这二者并不冲突。在对大学生进行思政教育工作的时候，我们需要将中国梦融入其中，使大学生真正理解中国梦的具体内涵，并将其应用到具体的实践当中，促使大学生形成正确的价值观，在成长的道路上坚定自己的理想信念，将中国梦与自己的梦想相结合，不断升华自己的梦想，实现自身的健康发展，使自己在追求梦想的过程中不断前进，不断成长。

第二，在进行思政教育的过程中，我们将中国梦融入进来，可以最大限度地激发大学生的爱国热情。中国梦虽然是一个宏观的目标，但是从其本质上来看，仍旧是人民的梦想，只有人人都能共享出彩的机会，只有人人都能拥有使自己的梦想得以实现的机会，才能使梦想拥有不竭的前进动力[①]。"中国梦"将全体中国人民的愿望展现出来，是人民意志的生动展现，使爱国主义拥有了时代特征。中国梦被赋予了特殊的意义，对于我们中华儿女来说，它是我们爱国情怀的展现，只有在强大精神力量的支持下，我们才有动力去实现这个宏伟的蓝图。大学生作

① 蔡碧.习近平"中国梦"思想研究[D].开封：河南大学，2014.

为中国社会主义未来的接班人，必须要将中国梦这项伟大的历史责任承担起来，深刻理解中国梦的含义，理解中国梦中所蕴含的价值，根据中国社会的现实状况，将中国梦与时代的特色相结合，只有这样才能让大学生真正理解中国梦的意义，从而对其人生观、价值观等各方面产生一定的影响，使其能够沿着正确的道路前进。我们正处于一个新的历史时期，在这个时期中，大学生的思政教育被放在了重要的地位，通过开展思想政治教育，能够激发大学生的热情，凝聚大学生的力量，并且在精神动力的支撑下，将中国梦变成一个个具体的小目标，然后再将小目标逐个突破，最终实现我们的宏伟目标。2015 年 1 月，中共中央办公厅、国务院办公厅印发的《关于进一步加强和改进新形势下高校宣传思想工作的意见》中指出："高校作为意识形态工作前沿阵地，肩负着学习研究宣传马克思主义，培育和弘扬社会主义核心价值观，为实现中华民族伟大复兴的中国梦提供人才保障和智力支持的重要任务。"[1] 社会主义核心价值观包括"爱国"这一项内容，并且其占有非常重要的地位，爱国教育的开展是非常有必要的，可以培养学生的爱国精神，从而使他们可以为中华之崛起而奋斗，这在实际的理想实现道路上具有非常重要的意义。

第三，在对大学生进行思想政治教育的同时融入中国梦可以使大学生锻炼自己的素质，包括自身的创造能力、创新能力，以及自身艰苦奋斗的精神，永不放弃的勇气等。中国梦具有强大的精神力，使大学生坚信未来是美好的，只要自己努力、奋发、拼搏，就能够改变民族、改变未来，未来的生活一定会更加美好，未来的祖国一定会更加繁荣富强。对于大学生来说，中国梦对自身的理想信念起到了支撑作用，在中国梦的指引下，大学生将自身的命运和国家紧密结合起来，为了中华民族的伟大复兴而不断努力。在中国梦的指引下，大学生敢为人先，敢于拼搏，在新时代不断进行创新，追逐时代的步伐，不断提升自己的各种素质，从根本上实现自身的全面发展，将自己的青春贡献给祖国，为祖国的建设发挥自己的力量。

第四，在新形势下，大学生的思政教育融入中国梦，有利于将精神动力凝聚起来。中国梦在不断的接力中逐渐成为现实，代代相传的梦想和目标，只要脚踏实地地去做，终有一天会变成现实。无论是哪一个历史阶段，青年永远都是被寄

---

① 朱孔军. 高校意识形态工作研究 [M]. 广州：中山大学出版社，2015.

予希望的一代，他们风华正茂，是实现中华民族伟大复兴的主力军。"伟大的事业需要并将产生崇高的精神，崇高的精神支撑和推动着伟大的事业。"① 中国梦是对未来的美好愿景，是中华民族对于未来的伟大蓝图，在这个新的时代，中国已经在世界舞台上拥有了一席之地，和任何一个时期相比，现在的中国都最接近伟大复兴的目标。大学生在中国梦的激励下，不断地拼搏，不断地奋斗，承担起自己的历史使命，除此之外，中国梦的实现也需要大学生将力量凝聚起来，不断升华，不断实现自己的目标。在对大学生进行思政教育的过程中，将中国梦引入其中，并将其作为一个新的课题来研究，这对于大学生来说是非常有价值的，能够将其精神动力凝聚起来，促使其健康发展，促使中国梦更好地实现，使大学生的个人命运和中华民族伟大复兴的命运紧紧联系在一起。对大学生进行引导，使其形成正确的价值观、人生观，坚定信念，形成内在的驱动力；使大学生的思想更加具有活力，进而通过思想来改变行为，使大学生更加具有主动性；大学生从个体开始改变，当每个个体都开始进行改变的时候，就会产生总体上的效应，精神动力也从个体扩散到整体，从而对大学生整体的精神风貌进行改变。中国梦，使大学生对自身更加坚定，对理想更加坚持，大学生之间还容易形成集体效应，由个人传播到群体，甚至从大学逐渐传播到社会。

第五，对大学生进行思政教育，并融入中国梦，这对大学生来说，能够更好地认识现实和历史，更准确地了解自己的民族。近代中国曾经备受屈辱，在列强的侵略下无法自保，面对这种情形，一代代的人不断地牺牲、奉献，中华民族才逐渐走向富强，而中国梦正是在这种历史背景下逐渐形成的。中国拥有五千多年的历史，从秦汉时期，就已经进入了盛世，古代的中国在世界上也是富强的存在，但是到了近代，西方资本主义发展迅速，而中国还处于闭关锁国的状态，中国逐渐落后于世界，但是统治者却仍旧认为中国是"天朝上国"，在列强的炮火中，清政府才被迫打开国门，并且签下了一系列丧权辱国的条约，中华民族面临着前所未有的危机。从那时开始，中国人就开始为了民族独立和解放不断奋斗，中国人拥有了共同的梦想，那就是中华民族伟大复兴，这项任务也是非常艰难的。在对大学生展开思政教育的过程中，融入中国梦可以使学生对国家历史产生更加清晰的认知，感受中华民族在历史长河中所经历的苦痛，感受曾经的屈辱，了解曾

---

① 李雪章. 当代中国大学生精神动力培育研究 [D]. 昆明：云南大学，2016.

经的磨难，知晓现如今的富强是由千千万万的先辈流血牺牲和拼搏奋斗换来的。

第六，对大学生进行思政教育，并融入中国梦，这对大学生来说，能够使自身的理想和信念更加坚定。有了信念的支撑，才能更加坚定地前进，这是一种精神力量。党的十八大报告中指出："要抓好思想理论建设这个根本，教育引导党员、干部矢志不渝为中国特色社会主义共同理想而奋斗。"① 习近平要求青年"勇作走在时代前面的奋进者、开拓者、奉献者"。② 无论是什么时代，青年永远都是最有力量的群体，他们充满了无限的可能，充满了无限的希望，他们是国家的未来，是民族复兴的接班人，是国家发展非常重要的力量。

目前，我国处于非常关键的阶段，面临着社会转型，面对着多元价值观的碰撞，大学生压力倍增，当然，现在科技的发达也为他们提供了便利的条件，但是来自各方的压力也非常容易使他们陷入困惑和迷茫，甚至找不到生命的意义，不知道哪里是未来，不知道自己到底可以做些什么，徘徊于原地，不知道该何去何从。当今社会的竞争可以说是相当激烈，大学生面临着前所未有的压力，他们需要理想信念作为支撑。学习中国梦，可以使大学生形成正确的价值观念，无论外部的环境怎样变化，中国梦都会从精神上对他们形成鼓舞，从而增强他们的抗压能力。中国梦为当代大学生确立了一个精神坐标与一种价值追求，而这正是大学生内心所渴求的。

梦想能否实现，关键是看能否顺应时代发展大势，把个人前途命运与国家民族命运结合起来，把"我的梦"融入"中国梦"之中，把个人梦想融入实现民族伟大复兴的事业中。离开这个大事业谈自己的梦想和发展，就失去了最重要的根基。

---

① 石仲泉. 我观党史四集 [M]. 上海：上海人民出版社，2016.
② 中共中央文献研究室. 习近平关于青少年和共青团工作论述摘编 [M]. 北京：中央文献出版社，2017.

## 第二节　思政教育融入中国梦的课堂教学研究

### 一、发挥思想政治理论课普及中国梦教育主渠道作用

中国梦是大学生思想政治教育的重要主题。将中国梦融入大学生思想政治教育中，必须充分发挥思想政治理论课的主渠道作用[①]。

第一，以思想政治理论课为主渠道，将中国梦贯穿于思想政治理论课教学全过程。将中国梦融入大学生思想政治教育工作，就要全面把握中国梦的深刻内涵，以及中国梦的实践体系。思想政治理论课教师要原原本本、认认真真地研读中国梦的科学内涵，根据习近平关于中国梦思想的经典论述，把握中国梦的精神实质、基本内涵和真谛要义、文化底蕴、历史渊源和文化传承、在构建核心价值理念上的独特贡献、实现的基本要求、对推进改革发展稳定提出的新任务和新要求，把教材体系、教学体系与中国梦精神紧密结合起来，注重贯穿融入，坚持知识性、学术性、政治性的统一，使大学生在思想政治理论课的学习过程中能够以中国梦理论知识丰富自己，以强大的理论思维武装自己，以明确的政治立场和政治方向引导自己。

整体把握是中国梦融入大学生思想政治教育中的基本思路。只有具备科学的中国梦理论知识，才能帮助大学生正确理解中国梦，提升大学生中国梦论水平。要集体攻关，不断提升回答中国梦重大理论和实践问题的能力，提供有分量、有价值的研究成果，要以中国梦理论的穿透力形成对学生心灵的震撼，培养大学生实现中国梦的责任感和历史使命感，引导大学生用中国梦理论去认识、分析、理解社会发展过程中的各种问题，使大学生掌握的中国梦理论知识现实化并转化为内心信念，形成科学的世界观、人生观、价值观。如果高校要把中国梦真正融入思想政治理论课教学的全过程，那么必须找准中国梦与思想政治理论课程的契合点。在现有的四门思想政治理论课中，每一门都与中国梦存在契合点。比如，在讲解《马克思主义基本原理》中关于"人民群众在社会发展中的作用"时，可以将习近平"中国梦归根到底是人民的梦，必须紧紧依靠人民来实现，必须不断为人民造福"的观点贯穿于教学中；在讲授"中国特色社会主义的科学内涵"时可

① 曾光顺.中国梦融入大学生思想政治教育的模式研究 [M].北京：光明日报出版社，2016.

以将中国梦的内涵、本质融入教学中，并让学生明白"实现中国梦必须走中国道路"；在"中国近现代史纲要"教学中，不仅要让学生了解国史、国情，也要让学生了解中国梦的发展历程是近代以来中华民族的发展历程，是为实现民族伟大复兴而不懈奋斗的历程；在"思想道德修养与法律基础"课程中，将中国梦渗透到爱国主义教育中，增强大学生的责任感与使命感，激励大学生凝聚共识、团结一心，形成合力。教学手段和教学方法的合理利用是提高教学效果的必要前提。只有不断改变传统的教学手段和方法，积极探索思想政治理论课教学新手段、新方法，利用媒体、网络等新技术来创新教学模式，吸引学生参与到课堂中，才能真正将中国梦融入大学生思想政治教育中，成为大学生的自觉追求和自觉行动。

第二，创新思想政治理论课，提升思想政治理论课中国梦教育教学实效性。首先，要以思想理念的转变为先导，坚持"立德树人"，牢固树立"以学生为本"的理念，全面掌握大学生的思想状况，聚焦人的需求、人的价值、人的心理、人的全面发展等问题，把大学生的身心健康发展放在最突出的位置，认真分析思想领域的倾向性问题，努力使中国梦教育教学更加贴近学生思想实际；要切实调动教师教学主体和学生学习主体的积极性，教师必须教好，学生必须学好，学校领导必须管好；把握内在规律，要善于"润物细无声"，深入浅出，循循善诱，让学生在深刻的哲理启迪、生动的人文熏陶、形象的故事叙述中明白"大道理"。其次，树立实践育人理念，引导大学生通过社会实践，结合自身的专业特点服务社会、回报社会，使大学生在社会实践中得到教育和锻炼。最后，要进行课程教学方法、技术创新，努力做到"苟日新，日日新"，贴近大学生的认知特点，利用网络精品课程和"微课"等新媒体教学手段，多形式开展中国梦主题教育，改变传统思想政治教育以老师为主导的教学结构，注重师生之间的交互启发，激发大学生对中国梦知识的学习兴趣，提高大学生的学习主动性，努力提高教学效果。

第三，要深入宣传实现中国梦与大学生成才之间的关系。中国梦的本质是人民幸福，就是人民权利保障更加充分，人人共享共同发展，生活在伟大祖国和伟大时代的中国人民，共同享有人生出彩的机会，共同享有梦想成真的机会，共同享有同祖国和时代一起成长与进步的机会。中国梦是国家的梦、民族的梦，也是每一个中国人的梦。尽管"每个人都有理想和追求，都有自己的梦想"，但每个人的前途命运都与国家和民族的前途命运紧密相连，只有国家富强、民族强盛，个人梦想才能实现。各门思想政治理论课，都要凸显中国梦这一主题，通过开展丰富多彩的活动，让学生感悟中国梦与自己的关系，引导大学生把个人的发展梦、学业梦、成才梦、创业梦与中国梦结合起来，为大学生播种梦想、点燃梦想，让更多的大学生敢于有梦、勇于追梦、勤于圆梦，让大学生在实现中国梦的生动实践中放飞青春梦想。

## 二、发挥思政理论课功能培养大学生实现中国梦的高度自觉

思想政治理论课是对大学生进行中国梦教育的主渠道，要充分发挥思想政治理论课的理论导向功能、政治引导功能和行为指导功能，培养大学生实现中国梦的高度自觉。

### （一）发挥思想政治理论课的理论导向功能

必须发挥思想政治理论课的理论导向功能，不断推进习近平关于中国梦的经典论述"进教材、进课堂、进头脑"的"三进"工作，强化中国梦理论武装。大学生中国梦教育首先要使大学生增强对中国梦的认知认同，增强对中国梦的认知认同就要发挥思想政治理论课的理论导向功能，坚持思想政治理论课教学的科学性、知识性，向学生宣传"中国梦"的理论知识。政治的坚定来自理论的清醒，大学生坚定中国梦理想信念必须练就扎实的中国梦理论功底。只有具备丰富的中国梦理论知识，才能形成对中国梦理论的基本理解、认识和领悟，才能变成大学生实现中国梦的精神动力。因此，要不断推进习近平关于中国梦的经典论述"进教材、进课堂、进头脑"的"三进"工作，强化中国梦理论武装。

1.使学生深刻把握中国梦的内涵和意义

（1）要教育引导学生把握中国梦的核心内涵

习近平指出，中国梦的"核心内涵是中华民族伟大复兴"。中国梦是历史的选择，是从近代中国强国之梦的历史轨迹中提炼出来的，自1840年鸦片战争开始，中国逐渐沦为半殖民地半封建社会，中华民族就开始经历寻梦、追梦、圆梦的过程，实现中华民族伟大复兴的中国梦，是贯穿于整个中华民族近现代史的主流。中国梦是历史的必然、现实的选择、未来的方向。中国梦记录着中华民族的历史，承载着中国的现在，展现着民族的未来。因此，思想政治理论课教师对大

学生进行中国梦宣传教育必须结合"中国近现代史""毛泽东思想和中国特色社会主义理论体系概论"等相关课程，引导学生学习中国近代史、党史、世界社会主义 500 年发展史，启发学生从史实思考中感悟中国梦的历史必然性，深刻认识中国共产党成立后带领人民实现独立自主梦、富强民主梦，坚定坚持中国共产党领导的政治信念。运用历史唯物主义的基本原理把握中国梦提出的历史轨迹，坚定"三个"自信。

（2）要教育引导学生把握中国梦的基本内涵和价值追求

中国梦的基本内涵是实现国家富强、民族振兴、人民幸福，在新的历史时期，中国梦的本质是国家富强、民族振兴、人民幸福。中国梦归根到底是人民的梦，中国共产党在中国执政，就是要带领人民把国家建设得更好，让人民生活得更好；人民对美好生活的向往，就是我们的奋斗目标，这就揭示出中国梦的科学内涵和价值追求。思想政治理论课教师要增强政治意识、责任意识、阵地意识、底线意识，学高为师，身正是范，增强本领意识，树立终身学习意识，用习近平关于中国梦的经典论述武装自己，把教材与党报党刊相结合，密切关注重大时事，用独特的视角与敏锐的洞察力捕捉新闻要旨，紧密结合中国大数据，坚持摆事实、讲道理，以理服人、以情感人，读懂学生，向学生科学阐述国家富强、民族振兴、人民幸福的含义以及三者之间的关系。坚持教与学相结合，充分发挥大学生学习中国梦理论的主观能动性，激发学生在思考中感悟，从而使大学生深刻把握中国梦的科学内涵。要把中国梦的理论讲授与播放《百年潮·中国梦》《复兴之路》《延安颂》《长征》等爱国励志教育影片相结合，在 QQ 群、学校官方微博、微信中展开互动、讨论，深化大学生对中国梦的理解与认识。要引导大学生认真研读习近平围绕"什么是中国梦""怎样实现中国梦"提出的一系列富有创见的新思想、新观点，自觉运用中国梦理论的立场、观点和方法辨析批驳错误思潮和观点，筑牢思想防线。

（3）要教育引导学生把握中国梦的历史传承和文化底蕴

习近平紧密结合中华民族五千多年的文明发展史，特别是鸦片战争以来一百多年的历史，强调中国梦是历史的、现实的，也是未来的，实现中华民族伟大复兴的中国梦是近代以来中华民族的夙愿。中国梦既深深体现了今天中国人的理想，也深深反映了先人们不懈追求进步的光荣传统。思想政治理论课教师要紧密结合习近平的经典论述，将中国梦的历史渊源与文化底蕴向大学生进行讲解，使大学生更深刻地感受到中国梦的本质特征是人民梦，是真实的梦，增强大学生对中国梦的情感认同，让大学生在理解中国梦的过程中受到启发和震撼，得到熏陶和鼓舞，培养其实现中国梦的高度文化自觉。

（4）要教育引导学生把握中国梦的重要意义

根据党的十八大精神，我们明确提出要实现中华民族伟大复兴的中国梦。中国梦是一种形象的表达，是一个最大公约数，是一种为群众易于接受的表达。这样就把中国梦与"两个一百年"的奋斗目标紧紧联系在了一起。在思想政治理论课教学过程中，思想政治理论课教师要根据习近平的经典论述，理论联系实际，向大学生讲述中国梦的重要意义，使大学生把握中国梦的重要意义，树立中国梦的理想信念，激发大学生实现中国梦的精神动力。

2.使学生理解中国梦的基本要求

"纸上得来终觉浅，绝知此事要躬行。"中国特色社会主义道路具有极强的实践性。大学生对"道路自信、理论自信和制度自信"的理解和把握，只有通过具体的实践活动才能真正完成。因此，思想政治理论课教师要引导大学生充分利用思想政治理论课的教学实践环节和寒暑假的社会实践机会，积极参加"三下乡"活动和社会调查活动，通过参观爱国主义教育基地，运用所学专业知识服务农村、企业、社区等，进一步了解国情、社情、民情。通过社会调查和社会实践可以使学生"多闻""多见"，培养处事应变的能力，培养他们运用中国梦的思想、观点、方法发现问题、思考问题，使他们增强道路自信、理论自信和制度自信，深化和增进对中国特色社会主义的理论认同、政治认同和情感认同，努力使其内化于心、外化于行，成为自身的价值追求和自觉行动。增强实现中国梦的责任心、使命感，积极培育和践行社会主义核心价值观，坚定实现伟大复兴中国梦的理想信念。

梦想的实现需要精神的支撑。实现"中国梦"必须弘扬中国精神，即以爱国主义为核心的民族精神和以改革创新为核心的时代精神，这是实现中国梦的精神动力。实现中华民族的伟大复兴是一项充满艰辛、充满创造的壮丽事业。实现中国梦的伟大事业需要崇高的精神，崇高的精神为实现中国梦的伟大事业提供精神动力和智力支持。这种精神是凝心聚力的兴国之魂、强国之魂。对学生进行中国梦教育，要以习近平的经典论述为指导，使学生明白什么是中国精神，怎样弘扬中国精神，因此，要发挥思政课的理论导向功能，宣传弘扬中国精神，振奋起大学生的精气神。教育和引导学生弘扬和培育民族精神，既要弘扬中国古代的优秀民族文化传统，更要大力弘扬和培育井冈山精神、长征精神、延安精神、西柏坡精神、雷锋精神、铁人精神、"两弹一星"精神、载人航天精神等，要以实现中国梦的生动实践为源泉，使中国传统文化创造性转化、创新性发展，不断丰富民族精神的时代内涵，使民族精神得到大力弘扬。教育和引导学生弘扬以改革创新为核心的时代精神，必须大力推进理论创新、制度创新、科技创新、文化创新以及其他各方面的创新，要自觉投身于改革创新的伟大实践，全面贯彻创新驱动战略，形成全民创业、万众创新的局面，使学生在以爱国主义为核心的民族精神和以改革创新为核心的时代精神的引领下实现中华民族伟大复兴的中国梦。

梦想的实现需要不懈奋斗。实现中国梦必须凝聚中国力量。这是中国各族人民大团结的力量。我们深知，每个人的力量是有限的，但只要我们万众一心、众志成城，就没有克服不了的困难。对大学生进行中国梦教育，要以习近平经典论述为指导，使学生明白什么是中国力量，怎样凝聚中国力量，因此，要发挥思政课的理论导向功能，宣传弘扬中国力量，凝聚大学生实现中国梦的力量，做中国梦的参与者和书写者。

3.使学生理解中国梦与世界梦的关系

中国梦是和平、发展、合作、共赢的梦，与各国人民的美好梦想是相通的。习近平强调，中国梦是和平、发展、合作、共赢的梦；中国梦与各国人民追求和平发展的美好梦想相通；我们将始终不渝走和平发展道路，始终不渝奉行互利共赢的开放战略，不仅致力于中国自身发展，也强调对世界的责任和贡献。思想政治理论课教师要以习近平经典论述为指导，科学阐述中国梦与世界梦的关系，引导学生树立全球视野和开放观念，在积极投身"一带一路"建设过程中发挥光和热。

4.使学生理解"四个全面"与中国梦的关系

"四个全面"是马克思主义与中国实际相结合的新飞跃，是我们党治国理政的新战略。思想政治理论课教师要坚持与时俱进，把"四个全面"新战略引进课堂，诠释"四个全面"的由来、科学内涵和"四个全面"与实现中国梦的关系。引导大学生深刻认识到，全面建成小康社会是实现中国梦的第一阶梯，全面深化改革是实现中国梦的强大动力，全面推进依法治国是实现中国梦的法治保障，全面从严治党是实现中国梦的根本保证，丝绸之路经济带和海上丝绸之路是实现中国梦的战略空间。树立全面深化改革的意识，支持改革、参与改革，树立法治思维，运用法治思维，形成法治文化，自觉坚持党的领导，为实现中华民族伟大复兴的中国梦而奋斗。

5. 要教育学生理解"五大理念"与中国梦的关系

党的十八届五中全会提出关于创新发展、协调发展、绿色发展、开放发展、共享发展的"五大理念"，"五大理念"的提出，就是全面建成小康社会和实现中国梦的实施路径。具体如下：

当第一个一百年到来之际，我们国家应是"苟日新，日日新，又日新"，创新摆在国家发展全局的核心位置，让创新贯穿党和国家一切工作，让创新在全社会蔚然成风，理论创新、制度创新、科技创新、文化创新都达到新的境界。

当第一个一百年到来之际，我们国家应是"仓廪实而知礼节，衣食足而知荣辱"，城市与乡村、工业与农业、物质文明与精神文明、综合国力与文化软实力等协调发展、并辔而行，发展格局更加完善。

当第一个一百年到来之际，我们国家应是"水光山色与人亲，说不尽，无穷好"，形成资源节约型、环境友好型社会，形成人与自然和谐发展的现代化建设新格局，环境更好、中国更美、发展更有后劲。

当第一个一百年到来之际，我们国家应是"近者亲其善，远方慕其义"，与世界的联系愈加紧密，深度参与国际合作，提升对外开放水平，让中国从世界汲取发展力量，世界因中国而缤纷多姿。

当第一个一百年到来之际，我们国家应是"稻米流脂粟米白，公私仓廪俱丰实"，改革应该能够释放出更多的红利，让发展果实由全民共享；让每一个中国人，都有踏踏实实的获得感；让每一个中国梦，都有变成现实的厚重基础。

引导学生深刻理解"五大理念"，自觉培育和践行"五大理念"，是实现中国梦的实施路径。

### （二）发挥思想政治课的政治引导功能

必须发挥思想政治课的政治引导功能，使中国梦理论被大学生自觉地接受，树立正确的世界观、人生观、价值观。意识形态工作是党和国家一项重要的工作，思政课是塑造大学生灵魂的主渠道、主阵地，要建设学生真心喜爱、终身受益的高校思想政治理论课，坚持把思想政治理论课教学的政治性放在首位，使中国梦理论被大学生自觉接受，内化于心，外化于行。

1. 引导大学生树立实现中国梦的理想信念

实现中国梦的理想信念对大学生的健康成长具有重要意义，有利于引导大学生做什么人、走什么路，激励大学生为什么学。思想政治理论课在向学生传授知识的同时，要坚持育人为本、德育为先，对学生进行意识形态引导，用习近平系列讲话精神武装大学生头脑。要引导大学生认真践行习近平"五四讲话"中引用的"功崇惟志，业广惟勤"；用党的最新创新理论成果武装大学生的头脑，培养大学生的政治素养；坚定走中国特色社会主义道路和实现中国梦的理想信念，进一步增强理论认同、政治认同、情感认同，激发大学生实现中国梦的精神动力，增强实现中华民族的伟大复兴的中国梦的自觉性。

2. 引导大学生树立正确的价值理念

随着我国改革开放的深入，世界多元文化和各种思想观念涌进大学校园，加之网络传媒的兴起，都给大学生的思想带来了巨大的冲击和挑战，大学生价值多元趋向是人们必须面对的现实问题。思想政治理论课教师要将政治性作为教学的起点，更加重视价值观教育，为大学生解答全球化背景下的现实问题是坚守政治底线、法律底线、道德底线，有明确的政治立场，引导大学生正确认识、理解和把握社会生活及思想意识形态领域中出现的各种问题。中国梦的"最大公约数"就是"中华民族的伟大复兴"，要以中国梦引领大学生树立正确的价值观。正确处理好个人与他人、个人与集体、个人与社会、个人与国家、个人与自然的关系，自觉把个人梦融入中国梦之中。

3. 引导大学生树立马克思主义文化观

既继承优秀传统文化又弘扬时代精神，既立足本国又面向世界，加强对中华优秀传统文化的挖掘和阐发，努力实现中华传统美德的创造性转化、创新性发展。思想政治理论课教师要认真学习领会，以"中国梦"为生动素材，引导学生树立高度的文化自觉和文化自信，继承中华民族的优秀传统文化和红色文化，在继承中创新、发展，自强不息，把优秀的传统文化与社会主义核心价值观有机地结合起来，积极汲取世界各民族文化的长处，并为我所用。

### （三）发挥思想政治理论课的行为指导功能

必须发挥思想政治理论课的行为指导功能，培养大学生实现中国梦的过硬本领。中国梦归根到底是人民梦，必须紧紧依靠人民来实现。实现中国梦，既要有责任担当意识，又要靠脚踏实地的实干精神。

第一，教育引导大学生增强本领意识，把"勤学"作为生活习惯，下得苦功夫、求得真学问，思想政治理论课的理论导向功能、政治引导功能落到实处就是指导大学生进行正确的行为选择。引导大学生要勤学、修德、明辨、笃实，把社会主义核心价值观内化于心，外化于行。知识是树立核心价值观的重要基础。思想政治理论课引导学生树立和培育社会主义核心价值观，就是引导学生把"勤学"作为生活习惯。要坚持课内教学和课外实践的有机结合，在实践活动中引导学生热爱专业，培养创新精神和实践能力，掌握专业知识和技能，明确责任，增强未来投身实现中国梦实践过程中的信心和动力。要教育引导大学生保持清醒头脑，认识到实现中国梦不是一帆风顺的，会遇到各种风险和挑战，认识到共筑"中国梦"的过程是全面建成小康社会、全面深化改革、全面推进依法治国、全面从严治党的过程，认识到我国现在处于并将长期处于社会主义初级阶段的基本国情没有变，我国仍然是最大的发展中国家的国际地位没有变，认识到圆梦之路，改革是支撑、法治是保障、发展是根基、党的领导是保证、创新是动力，勇于实践、勇于变革、勇于创新，增长本领。大学生必须要抓好学习的黄金时期，坚持德智体美劳全面发展的方针，坚持面向现代化、面向世界、面向未来的方针，要始终处于学习状态，站在知识发展前沿，刻苦钻研，严谨笃学，不断充实、拓展、提高自己。如饥似渴地学习，打牢基础知识，不断更新知识，同时掌握相关技能，提高自己的素质和能力，不断培养自己的创新精神、创新能力，为实现中国梦打下基石。

第二，教育引导大学生要重视实践和创新，做中国梦的参与者、书写者。习近平指出，距离实现中华民族伟大复兴的目标越近，我们就越不能懈怠，越要加倍努力。"空谈误国，实干兴邦"，强调真抓才能攻坚克难，实干才能梦想成真。大学生是未来实现中国梦的主力军，必须树立实践意识，重视实践，积极参加"三下乡"活动，参加学雷锋志愿服务活动、公益活动，参加社会调查，到社区、工厂、农村等用所学专业知识服务社会，实现青春梦，奋斗新常态，大学生要富于并敢于改革创新，改革创新贵在实践，实践出真知，使自己真正成为实现中华民族伟大复兴中国梦的参与者、书写者、实践者。

### 三、改进思政理论课教育方法

习近平批示，"必须办好"高校思想政治理论课。应不断创新理念、形式、手段，在增强针对性、有效性方面下功夫。要强化以学生为本的理念，立足于学生成长需求与教学需求、学生物质需求和深层精神需求、学生现时应急需求和未来根本需求、学生个人需求与群体秩序需求的相互对接，树立科学发展的改革理念。处理好教师主导作用与学生主体作用的关系。激励教师根据不同的教育对象和教学安排，采用灵活多样的教学方法，实现教学水平的不断提升；尊重学生在教学过程中的主体地位，充分发挥大学生学习中国梦理论的主观能动性，探索学生自觉参与中国梦理论学习的路径和方式，实现中国梦理论教师"讲出来"与学生"听进去"的无缝对接。

一是要坚持情理交融，在教学过程中循循善诱，在教学过程之外热爱学生、关心学生、尊重学生。所谓"亲其师，信其道"。坚持理论教育与体验式教育相结合。探寻启发式教学、情境教学、讨论辩论、社会调查等教学方式，使学生真正成为中国梦融入思想政治理论各门课程教学过程的参与者和教学模式创新的实践者。树立实践理念，既着眼实现中国梦的生动实践，明确新时期高校思想政治理论课改革发展的新要求，又着眼学生学习生活实践，满足学生的学习生活需求和精神需要。

二是要坚持身教与言教相结合，不仅要靠真理的力量、逻辑的力量，更要靠教师人格的力量。好师德培养好教师，好教师造就好学生，好学生谱写好未来。

三是善于运用手机 App、社交网络等平台，运用现代教育技术等手法，进行形象化展示、故事化表达，进一步增强吸引力、感染力。充分利用网络平台延伸教学时空，实现课上课下一体化。

四是加强爱国主义教育基地建设。思想政治理论课老师要带领大学生深入爱国主义教育基地现场教学，通过图片、文字、视频等对大学生进行价值观教育。通过喜闻乐见的形式，将爱国情感潜移默化地注入大学生的心灵。重要节庆日蕴藏着丰富的教育资源，要充分发挥重要节庆日传播中国梦的独特优势。充分利用重大纪念日、重要传统节日开展中国梦主题实践活动，开展升国旗、入党入团等有庄严感的礼仪活动，让大学生更好地感悟中国梦的真谛和要义。

五是树立合作理念，充分发挥思想政治理论课教学过程中各要素的积极作用，上下联动、协调一致，积极构建生生合作、师生合作的良好教学格局，实现教与学的有机统一。

### 四、全面贯彻思政理论课建设体系创新计划

高校肩负着学习、研究、宣传马克思主义，培养中国特色社会主义事业建设者和接班人的重大任务。思想政治理论课是巩固马克思主义在高校意识形态领域指导地位，坚持社会主义办学方向的重要阵地，是全面贯彻落实党的教育方针，培养中国特色社会主义事业合格建设者和可靠接班人，落实立德树人根本任务的主干渠道，是进行社会主义核心价值观教育，帮助大学生树立正确世界观、人生观、价值观的核心课程。办好思想政治理论课，事关意识形态工作大局，事关中国特色社会主义事业后继有人，事关实现中华民族伟大复兴的中国梦，必须始终摆在突出位置，持之以恒，常抓不懈。

#### （一）思政理论课建设体系创新计划的指导思想

高校思想政治理论课建设体系创新计划的指导思想是：高举中国特色社会主义伟大旗帜，以马克思列宁主义、毛泽东思想、邓小平理论、"三个代表"重要思想、科学发展观为指导，深入贯彻落实党的十八大和十八届三中、四中全会精神，深入贯彻落实习近平重要讲话精神，全面贯彻党的教育方针，坚定大学生对中国特色社会主义的道路自信、理论自信、制度自信，以教材体系、人才体系、教学体系建设为核心，以学科支撑体系、综合评价体系、条件保障体系建设为关键，以推动综合改革创新为动力，以问题为导向，以教育教学实效性为评价标准，进一步坚定信心，强化责任，系统规划，整体推进，落实思想政治理论课在高校立德树人工作中的战略地位，把培育和践行社会主义核心价值观融入教书育人全过程，为实现中华民族伟大复兴中国梦发挥应有的作用。

#### （二）思政理论课建设体系创新计划的基本原则

实施高校思想政治理论课建设体系创新计划的基本原则是：坚持理论与实际相结合，注重发挥实践环节的育人功能，创新学生实践教学和教师实践研修。坚

持教学与科研相结合，努力探索攻克教学难关，强化马克思主义理论学科和科研对教学的支撑作用。坚持教师讲授与学生参与相结合，注重师生教学互动，充分调动学生学习的主动性、积极性。坚持课堂教学与日常教育相结合，积极拓展思想理论教育渠道，发挥第二课堂的教育作用。坚持思想政治理论课与专业课相结合，注重发挥所有课程的育人功能，所有教师的育人职责。坚持校内与校外相结合，注重资源整合，探索建立全社会关心、支持思想政治理论课建设的长效机制。

**（三）思政理论课建设体系创新计划的目标任务**

实施高校思想政治理论课建设体系创新计划的目标是：整体推进教材、教师、教学等方面综合改革创新，编写反映马克思主义中国化最新成果、教师用好学生爱读的系列教材，建设一支对马克思主义理论真学、真懂、真信、真用的教师队伍，培育和推广理论联系实际、富有吸引力和感染力的多种教学方法，重点建设一批教学科研较强的马克思主义学院，逐步构建重点突出、载体丰富、协同创新的思想政治理论课建设体系，不断深化中国特色社会主义和中国梦的教育，深入开展社会主义核心价值观教育，加强法治教育，坚持不懈地推动中国特色社会主义理论体系进教材、进课堂、进头脑，不断改善思想政治理论课教学状况，努力把思想政治理论课建设成为学生真心喜爱、终身受益、毕生难忘的优秀课程。

实施高校思想政治理论课建设体系创新计划的主要任务是：

第一，推进统编教材编写使用，编写教师参考用书、学生辅学读本、教学指导资料和理论普及读物等教学系列用书，构建面向教师和学生不同对象，辐射本专科生、研究生各个层次，涵盖纸质和数字化等多种载体，体现思想性、科学性、可读性相统一的立体化教材体系。

第二，提高专职教师队伍整体素质，广泛争取知名专家学者和党政领导干部的支持，注重发挥辅导员队伍的联动作用，健全完善选聘配备、培养培训、特聘教授等制度，建设一支理想信念坚定、师德高尚、理论功底扎实、教学效果良好的高水平思想政治理论课教师队伍，形成专兼结合、结构合理的教学人才体系。

第三，改革教学方法，创新教学艺术，提倡名师引领，强化问题意识和团队攻关，注重发挥教与学两个积极性，形成第一课堂与第二课堂、理论教学与实践教学、课堂教学与网络教学相互支撑，理念手段先进、方式方法多样、组织管理高效的思想政治理论课教学体系。

第四，加强马克思主义理论学科规范化建设，凝练学科方向，汇聚学科队伍，扩大学科影响，把马克思主义理论学科建设成哲学、社会科学优势学科，构建以马克思主义理论学科为引领，相关学科为补充，有效支撑思想政治理论课建设的学科体系。

第五，健全完善评价标准，明确评价导向，优化评价机制，坚持评建结合，管理与服务并重，紧密结合思想政治理论课教材、教师、教学等实际，构建有利于激发各方面积极性，全面系统、科学规范、运行有效的综合评价体系。

第六，建设独立二级机构，重点建设一批马克思主义学院，稳定经费投入渠道，强化高校党委责任，不断健全基本要求、责任分工明确、政策制度完善，有利于形成工作合力的思想政治理论课建设条件保障体系。

## 五、突出中国梦实践教育在思政教育中的作用

### （一）引领实践全过程，使大学生知行统一

当代大学生的综合素质与能力，关系中国特色社会主义事业的兴衰成败，关系中华民族伟大复兴中国梦的实现。当代大学生培育和践行社会主义核心价值观，要在勤学、修德、明辨、笃实上下功夫。勤学是前提，修德是基础，明辨是保障，笃实是关键。只有扎扎实实干事、踏踏实实做人，坚持向实践学习、向人民学习，才能在时代大潮中建功立业。要把实践环节纳入教育教学计划中，积极调动社会各方面资源，建设好实践基地，形成实践育人合力。要加强大学生职业发展规划和就业创业能力教育，系统组织开展社会调查、志愿服务、勤工助学、实习创业等社会实践活动，形成课堂教学和社会实践相统一的育人平台，使青年学生在服务他人、奉献社会中升华对社会主义核心价值观的体验感受和认知理解，加深对社会的认识，增进同人民群众的感情。促进当代大学生勤于学习、敏于求知，在实践中发现新知、运用真知，在解决实际问题的过程中增长才干，掌握建设国家、服务人民的过硬本领，把实现中国梦的满腔热情转化为刻苦学习、勤奋工作、报效祖国的实际行动。

### （二）将"三严三实"价值取向内化于大学生中国梦教育

大到国家、小到个人，没有艰苦奋斗的精神，就无法取得成功。自中华人民共和国成立特别是改革开放以来，依靠全国人民的发愤图强，中国社会主义现代化建设才会取得巨大成就，但是，现在中国的改革发展任务依然艰巨繁重，问题并不比发展之前的少。当前，我国经济发展进入新常态，国家大力鼓励和支持青年创新创业，特别是互联网时代为青年人提供了更广阔的创新创业空间，但机遇和成功只属于不怕吃苦、脚踏实地的人，属于不懈追求、敢于创新的人。

党的十八大以来，习近平从确保党和国家兴旺发达、长治久安的战略高度，多次就落实立德树人根本任务作出重要指示。这就要求必须紧紧抓住大学生思想政治教育工作这一重点，将"三严三实"价值取向内化于大学生中国梦教育，扎实谋划好创新创业精神培育工作。充分重视大学生创新精神培育谋划工作，加强顶层设计，真正做到"谋事要实"。高校要牢固树立以学生为本的教育理念，把中国梦教育与大学生学业、创业、就业联系起来。新常态呼唤大学生的新作为，如今大众创业、万众创新的浪潮席卷全国，高校要引导大学生把勤学作为生活习惯，按照创新、协调、绿色、开放、共享的新理念，培养大学生的创新精神和实践能力，站在"大众创业、万众创新"的最前沿，学校要想学生所想，急学生所急，千方百计、真真切切地帮助学生，做好学生发展需求的调研，解决学生的社交、学业、社会实践等方面的需求，并融入中国梦教育的内容；要做好职业生涯规划教育工作，将爱岗、敬业等核心价值观要素的解读与解决学生的择业问题、生涯目标问题结合起来，始终为学生的成长成才谋福利。关心大学生的实际需求，促进大学生全面发展，凝聚精神追求内在动力。

要结合大学生诉求，把社会实践与勤工助学、就业教育、创业实践相结合。进一步强化以学生为本的理念，帮助家庭困难学生完成学业，探索帮助大学生创业的新路子，使大学生的创造愿望得到尊重、创造才能得到发挥、创造活动得到支持、创造成果得到肯定，为大学生提供有效服务，帮助他们实现梦想，助推大学生的"创业梦"。

### （三）在思政理论课中推进习近平关于中国梦的经典论述

对大学生进行中国梦教育要充分发挥思想政治理论课的主渠道作用，积极推进习近平关于中国梦的经典论述进教材、进课堂、进头脑。要注入新理念、追求新风格，在理论教学中渗透实践学习的成分。把习近平关于中国梦的经典论述讲授与观看《百年潮·中国梦》视频、励志影片相结合，然后讨论、撰写小论文交流；印发中国梦的经典案例材料，给出一些选题，让大学生结合习近平关于中国梦的经典论述进行研究性学习，激发大学生学习中国梦理论的兴趣，充分发挥大学生的主体作用，让其有目的地探索和研究，从而使其掌握中国梦的科学内涵和实践体系，增强当代大学生的责任感、使命感和奋斗精神，自觉地将个人的"成才梦""学业梦""创业梦"融入中国梦。

### （四）培养学生用中国梦的观点思考问题的能力

引入社会教育资源，深入开展社会调查，让大学生感受祖国的沧桑巨变，培养他们用中国梦的思想、观点、方法发现问题、思考问题，使他们增强"三个自信"，坚定理想信念。高校要发挥人才和知识优势，并组织大学生开展有针对性和实效性的社会调查，使大学生充分感受改革开放以来全国各地、各条战线发生的巨大变化，进一步认识中国特色社会主义道路的正确性，坚定"道路自信、制度自信、理论自信"，增强大学生对实现中华民族伟大复兴中国梦的自觉认同，同时，为政府决策和社会管理提供依据、参考。

要充分挖掘地方人文资源的育人功能，结合各地实际，突出地方特色，充分利用学校所在地的博物馆、爱国主义史迹、英雄模范人物等进行中国梦教育，使中国梦贴近大学生、贴近实际。要建立社会实践基地，引导大学生进行社会调查。

### （五）使大学生的社会实践与专业学习相结合

实现中国梦需要大学生积极培育和践行社会主义核心价值观。要坚持课内教学和课外实践的有机结合，在实践活动中引导学生热爱所学专业，培养创新精神和实践能力，掌握专业知识和技能，明确责任，增强未来投身实现中国梦的信心和动力。

要推进社会实践活动与专业学习相结合，全面提高学生的综合素质。虽然学校主要是传授理论知识的场所，但学生要获得这些知识，要发现新的知识，都离不开实践。同时，实践对帮助、促进学生全面素质的提高有积极意义。事实上，古今中外许多教育家十分重视实践在教育中的作用。两千多年前，孔子就要求学生"多闻""多见"，为此他带学生周游列国，在出游中体验生活，培养处事应变的能力，并强调知行统一、学以致用。随着社会的变迁，人们对实践教育的认识不断地丰富与发展。联合国教科文组织召开的第 38 届国际教育会议指出，把理论知识用于实践，以及学生参加劳动，是现代化教育的重要组成部分，它们通过提供与外界包括与劳动更多的接触，促进学生品格的全面发展；除此之外，还使个人与集体加深对社会道德、教学和经济价值的理解，教育学生认识不同类型劳动的社会价值和经济价值，向他们反复灌输尊重劳动者和劳动人民的思想，这一论述对于实践教育的意义做了比较完整的概括。实践教育是对大学生进行学术科研教育和思想道德教育的重要结合点，人们要大力促进课内教学和课外实践"两个课堂"的有机结合，在实践活动中引导学生热爱所学专业，掌握专业知识和技能，明确责任，增强未来投身社会主义现代化建设事业、实现中华民族伟大复兴的中国梦、实现自我价值的信心和动力。坚持政治理论教育与社会实践相结合。既重视课堂教育，又注重引导大学生深入社会、了解社会、服务社会。高校要把社会实践纳入学校教育教学总体规划和教学大纲，规定学时与学分，提供必要经费。积极探索和建立社会实践与专业学习相结合、与服务社会相结合、与勤工助学相结合、与择业就业相结合、与创新创业相结合的管理体制，增强社会实践活动的效果。

# 参考文献

[1] 陈金平.多媒体时代高校的思政教育研究 [M].北京：北京工业大学出版社，2020.

[2] 杨如恒.新时代大学生思政教育 [M].石家庄：河北人民出版社，2018.

[3] 秦艳姣.全媒体环境下高校思政教育新探索 [M].北京：北京工业大学出版社，2020.

[4] 钟燕.新媒体视野下大学生思政教育创新探索 [M].天津：天津人民出版社，2022.

[5] 文学禹，韩玉玲.新时代高校课程思政教学创新研究 [M].长春：吉林大学出版社，2020.

[6] 陈彦雄.高校思政课教学质量问题研究 [M].北京：北京工业大学出版社，2021.

[7] 傅莹.新媒体时代高校思政工作创新 [M].汕头：汕头大学出版社，2019.

[8] 张锐，夏鑫.大数据时代高校思政工作创新研究 [M].北京：北京工业大学出版社，2020.

[9] 赵晓春.互联网时代高校思政课翻转课堂的理论与实践 [M].南京：南京师范大学出版社，2020.

[10] 刘仁三.新时代高校思政育人理论研究与实践探索 [M].北京：中华工商联合出版社有限责任公司，2021.

[11] 崔华洁，乔雨华."互联网 +"高校思政教学模式的创新研究 [J].品位·经典，2021（23）：75-77+106.

[12] 肖敏勤.微媒体视角下高校思政教学中网络媒体技术应用路径 [J].湖北开放职业学院学报，2021，34（22）：104-105.

[13] 张江艺."十四五"时期高校网络思政工作的时代内涵和发展逻辑 [J].国家教育行政学院学报，2021（06）：66-72.

[14] 袁林静，袁健.新媒体视域下高校思政网络育人的路径探析 [J].继续教育研

究，2021（05）：117-120.

[15] 曹杰.新时代网络主播文化融入高校思政教育的价值、局限及实现路径 [J].西安财经大学学报，2020，33（05）：120-128.

[16] 韩俊，金伟.疫情背景下高校思政课网络教学的机遇与挑战 [J].学校党建与思想教育，2020（17）：57-59.

[17] 栗冉.基于"互联网＋"时代高校思政课网络教学协同育人的分析 [J].中国新通信，2022，24（03）：230-232.

[18] 陈央.融媒时代大学生媒介素养与高校思政网络文化建设——基于战疫期间的一次大学生思想动态网络调查 [J].中国广播电视学刊，2020（04）：77-81.

[19] 曹良韬，吴春莺.构建高校思政网络育人体系研究 [J].知与行，2018（04）：84-88.

[20] 苗艳艳.网络微视频下高校思政"微教育"路径探索 [J].新闻研究导刊，2022，13（01）：205-207.

[21] 朱萌.网络短视频对高校思政教育的影响与对策研究 [D].南京：南京邮电大学，2022.

[22] 范成龙.文化哲学视野下的高校思想政治教育有效性研究 [D].扬州：扬州大学，2020.

[23] 兰玉.新时代高校思政观研究 [D].西安：长安大学，2020.

[24] 王艳艳.大思政格局下高校网络舆情引导研究 [D].天津：天津理工大学，2020.

[25] 于澜.高校思想政治理论课课堂教学网络资源利用研究 [D].济南：山东大学，2018.

[26] 徐子明.高校思想政治理论课教学对网络舆情引导研究 [D].武汉：武汉理工大学，2016.

[27] 王守兰.高校思政课网络教学平台应用中的问题及对策研究 [D].无锡：江南大学，2015.

[28] 刘慧.完善高校网络思想政治教育体系研究 [D].赣州：江西理工大学，2013.

[29] 傅翔. 高校学生网络责任意识在思政教育中的教育研究 [D]. 广州：暨南大学，2011.

[30] 赵宇华. 网络环境下高校思政教育面临的问题及对策研究 [D]. 太原：中北大学，2011.